熱血先生が
号泣した！

学校で生まれた

“ココロの架け橋”

中野敏治

はじめに　～「ココロの架け橋」

はじめまして。中野敏治と申します。

本書を手に取っていただき誠にありがとうございます。

大学卒業後に中学校の教員に赴任し約三十年。現在は神奈川県のある中学校で校長をさせていただいております。

この三十年の間、本当に様々なことがありました。教員ですので、子どもたちとの交流が多いのですが、その親御さんとも同じくらい多く関わってきました。

私が赴任したいくつかの中学校は、当時いわば、昔のＴＶドラマ「スクールウォーズ」の状態でした。窓ガラスは割られ、タバコの吸殻があちらこちらで見つかり、深夜の夜回りで徘徊する子どもたちを何人指導してきたことかわかりません。

同僚の教師は、どう子どもに声をかけたらよいのか、子どもに指導が入る言葉がけはないのか、夜も寝られずにいました。しかし、私は一教師として何かを変えたかった、あきらめたくなかったのです。そこから一歩ずつ、「中野式」の交流、革命を始めました。

休み時間に生徒と雑談をして本音を聞き出し、ほうきを振り上げた生徒とは正面からココロでぶつかり合いました。寝坊癖がひどい生徒には家に朝起こしに行き、不登校で部屋から出てこられない生徒にはドア越しで語りかけました。

忙しいとなかなか学校に来られない親御さんには家庭に伺い、生徒と親御さんと三人でじっくり話し合いました。

深夜の夜回りでは、私の教え子、そして見知らぬ子どもたちまで含めた暴走族まがいのバイク集団に対し、その爆音に負けないくらい大声で指導して、その後缶コーヒーで乾杯したり・・・いま思い起こせば本当に大変な日々でした。

そんな交流を続けているうちに、次第に周りが変化してきました。子どもたちとは、卒業後も交流が続き、成人後には私と飲みに行きたいと誘われました。

親御さんからは、家庭内の問題までご相談をいただき、担任するクラスでない学年の弟や妹、時には高校生、大学生の学年の生徒の面談まで頼まれるようになりました。地域の方からは、お茶会を企画していただき、ご招待を受けて交流を深めました。

小さな一歩から始めましたが、確実に何かが変わっていったのです。

そして、その一番の要因は私の革命、ココロの交流でした。生徒や親御さん、地域の方とココロを通じ合わせ、架け橋を作ることでこの奇跡は起きたのです。

そのためには、まず一つ、その人の輝きを見つけることです。

輝きとは長所です。短所はすぐに見つけられるのですが、輝きを見つけることはなかなか難しいものです。

しかし、輝きを見つけることで、どんなに短所が多い人でも必ず認められるのです。相手を認め、接していると必ず相手もあなたを認めてくれます。そしてココロの交流が生まれ、架け橋ができるのです。

これは、優しくすれば優しくされる。挨拶をすれば挨拶をされる。笑顔を送れば笑顔が返ってくるのと同じなのです。

気恥ずかしいことですが、講演会などでこのことを話しているうちに、誰が言い始めたかわかりませんが、この私の教育方針を「中野マジック」と呼ぶ方が出てきました。

本書でも各章のまとめに簡潔にご紹介しています。

しかし、周りの人の輝きを見つけるには、見つけようとしなければ、見つけることはできません。本編でもご紹介しますが、夜空を見上げ、星を見る。最初は明るい星しか見えなくても、じっと目を凝らせば最初に見えていなかった星も見えてくるのです。見ようとしなければ見えないものってたくさんあるのです。

目を凝らし輝きを見つける。その輝きを見つけた時、ココロは動くのです。見つけた私も、輝いているあなたもココロが動くのです。

本書では、そんな「ココロの架け橋」をご紹介していきます。

本書を読み終えていただいた方とも、架け橋がつながること信じて。

中野敏治

目次

第3話 生徒と親、教師のココロの架け橋

第4話　ココロが大きく揺さぶられた出来事

プロローグ
見た目じゃないんだ

問題多き中学生とわかりあった、熱きキャンプ体験

やや問題を抱えた学年（三年生）の担任となったときのことです。

彼らは三年生になったとたん、学校での姿勢・意欲・態度など、急な変化を見せてきました。一学期からさまざまな場面でいろいろと彼らを注意してきました。時には、怒鳴りあうことさえありました。ゆっくり話し合って、彼らが納得するという指導はあまりできていませんでした。

ところが不思議なもので、校舎内では、なぜか彼らと指導すべき場面で出会うことが多くあるのです。彼らも、一番会いたくない人間にどうしてこんなに会うんだろうと思っていたと思います。

教室へ行くときにわざわざ階段をかえても出会うのですから、お互いに驚くばかりでした。

趣味の釣りがきっかけで

夏休みが近くなった頃、廊下で話をしていた彼らの中に入っていきました。彼らは私を拒むこともなく、そのまま夏休みの話を楽しそうに続けていました。思えば二年生のときには、こうして話ができていたのです。そんなことを思い出しながら彼らの中に入っていったのです。話題は私の趣味の釣りの話になり、ますます盛り上がっていました。

「この夏休みに彼らをどこかに連れ出せないだろうか」と、楽しそうに話をしている彼らを見ながら、ふと、そんな思いがわいてきました。

「夏休み、一緒に釣りに行くか？」と声をかけました。彼らはびっくりした顔をしたあと、隣にいる仲間と「いいかもな」と、ささやいているのです。

周りの先生や生徒から見ると、学校中で犬猿の仲のようにさえ感じる教師と生徒が、一緒に話している光景は不思議に感じたと思います。

日帰りの釣りが泊りがけのキャンプに

夏休み前の三者面談で、保護者に夏休みに釣りに行くことを、それぞれの親と本人の前で確認し、伝えました。すると、保護者はびっくりした顔をしました。それは、「釣りへ行く」という私の話に対しての驚きでした。

「先生、キャンプではないのですか?」と保護者から言われ、反対に私が驚きました。彼らは、親には日帰りの釣りに行くとは言わず、キャンプに行って釣りをしてくると話をしていたのです。

私は戸惑いました。恐らく、あまり友だち同士で泊りがけの旅行をしたことのない彼らが、このチャンスを利用したのでしょう。

でも、彼らと出かけることに興味があったので、夏休みの釣りは、キャンプでの釣りに切り替えました。もちろん保護者の了解を得て、夏休みのキャンプへ向けての準備を始めました。

いつの間にか集まっていくバーベキュー食材

出発当日、彼らの家を一軒一軒まわり、それぞれの保護者に会い話をし、彼らを一人ひとり車に乗せていきました。

ある親は、「先生、これ持っていって」と小さなクーラーボックスを渡されました。「なんですか」と尋ねると、隣にいた生徒が「肉だよ、肉。今夜、バーベキューだよ」と言うのです。次の家では「先生、畑で取れた野菜を持っていって」と。四人の生徒の家をまわり終えたら、バーベキューの材料はすべてそろっていたのです。

親同士が話をして、つながっていたのです。全員がそろい、いよいよ目的地の湖に出発しました。

親への尊敬が自然と生まれる

車の中で、四人の生徒は大はしゃぎです。

問題行動を抱えている生徒の中には、学校という場を離れると、とても明るく素直になる生徒がいるものです。四人の中にも、そのような生徒がいました。

車の中では、釣りの話で盛りあがっていました。狭い車の中で、さおを出してみたり、道具を見せあったりと、これから向かう湖での釣りの準備が、始まっているようでした。

そんな話題の後、彼らは親の話を小さな声で始めました。

「うちの親ったら、今日持ってきた肉を自転車で買いに行ったら、コケて、左肘と左足を怪我したんだ。馬鹿だよな」

「大丈夫かよ?」

「俺が、夕飯とかはコンビニで買うって言ったのに、親同士で相談したみたいだよ」

「おまえの親、怪我までして肉を買ったのか」

「今日、これから医者に行くって言っていたよ」

「俺たちのためにに肉を買ってくれたのか」

「うちは親父が畑で作った野菜を持ってきたよ。親父の作ったのってうまいぞ」

「へ~。親父が作った野菜を食ってばかりいないで、たまには親父と一緒に畑の手伝いをしているのかよ」
「たまにはな。でも親父はすごいぞ。いろいろなものを作っているし。普段は会社に行っているのに、よく畑仕事できるよな」

小さな声で話しだした彼らの会話も、知らぬ間に普通の声になってきていました。反抗期を迎えている彼らも、たった一泊ですが、親元を離れ泊まりをするとなると、なぜか親のことを思い出しているようでした。

会話の中味は、親への文句はなく、楽しそうに、しかも、言葉のはしばしに親への思いが感じられました。

見違えるようなノビノビとした顔

湖に着き、キャンプ場の受付で手続きを済ませてからテントに荷物を入れました。

彼らは普段の生活からは予想もできないほど、荷物をきちんとテントの中に入れるのです。暗くなっても足が引っかからないようにとテントの周りの小枝まで片付けているのです。

私はそんな彼らの姿をそっと見ていました。

テントを張り、荷物を片付け終えてから、みんなで車に乗り、下見のため湖をひと回りしました。子供たちは、早く釣りをしたくて待ちきれないようで、そわそわしていました。一度キャンプ場へ戻り、釣りの準備をして釣りのポイントへ行きました。いざ釣りを始めたものの思うようには釣れず、あっという間に空は暗くなってきてしまいました。いったん釣りをやめて、キャンプ場へ戻りました。彼らは釣りと同じくらい夕飯のバーベキューも楽しみにしていたのです。

夕飯はバーベキューです。親の思いがいっぱいつまった食材を彼らは手際よく準備しました。鉄板を運び、食材を刻み、火をつけ、お皿や箸を配りました。こんなにも手際よく動くことに驚き、「おい、給食の時とは違うな」と声をかけました。彼らは私の言葉に答えず、苦笑いするだけでした。「さぁ、食べるぞ～」という一言で、いっせいに箸が肉へと。「おい、それ、俺が食べようとしていた肉だぞ」「もっと野菜食べろよ。親父が作った野菜なんだぞ」「お前のお袋の怪我、大丈夫か。電話してみろよ」と。彼らはそんな会話をしながら、あっという間に食べつくしました。

バーベキューの灯火が本音を語らせた

食事中に、「おまえ、お袋に電話しろよ。病院いったんだろう」という言葉が気になったのか、片付けている途中で「俺、ちょっと」と言いながら、一人の生徒がその場を離れました。

「あいつ、電話だな」「そうだろう、やっぱり気になるよな」と。彼らはお互いのことを十分にわかりあっているのです。

さりげなく帰ってきた彼ですが、みんなは電話をしてきたことは分かっていました。

「どうだった?」と声をかけると、「大丈夫」と彼の返事。彼らはそれだけで心が通じていたのです。

残り火で薄暗くなった中で、バーベキューの火が消えるまでいろいろな話をしました。

生徒たちは、みんな一生懸命に生活をしていること、反抗してしまう行動とは反対に、親への思いが強いことなど、学校生活では感じられないことをたくさん話してくれました。話の中で、「学校だと、先生がしつこいよ」と私にも注文を付けてきました。思春期で反抗期の彼らは、学校でも親にも反抗する状況と同じだったのでしょう。

夕飯の片づけをすべて終えてテントにもどりました。外は真っ暗です。明日の早朝の釣りのために早めに就寝しました。

ここでも、彼らは荷物をテントの隅にきちっと寄せるのです。学校では、だらしのない様子しか見ていなかった私には驚きでした。

生徒は様々な姿を持っています。よき姿に気づき、見つめることも必要なのです。

> 教師や親が、本気で子を想えば、子も大人に心を開く。
> どんな子も、自分なりに一生懸命に考え、必死に生きている。
> どんな子も、不器用だが、親を尊敬し愛を持っている。

第1話

教師と生徒のココロの架け橋

◇不登校気味の彼女を迎え入れた涙の卒業式〜涙の呼名《こめい》〜

彼女は、卒業式の朝も来ていませんでした。

二年生の時に私のクラスに転入してきた彼女。前の学校でいじめをうけ、不登校になり、私の学校へ転校してきたのです。転入しても登校回数は決して増えることはありませんでした。

卒業式当日の朝の会が終わったとき、クラスの子が私に駆け寄り、「彼女を迎えに行こう」と言ってきたのです。迎えに行くにはあまりにも時間がありませんでした。「いつ彼女が来てもいいように、準備をしておくから」と生徒に伝えました。「もし、卒業式に来られなくても、必ずみんなと同じ日にここで彼女の卒業式を行うから」と、クラスの生徒に話をしました。私の頭の中では、「もし、彼女が来るのが午後になったとしても、クラスメイトと同じ式場（体育館）で彼女の卒業式を行ないたい」と考えていました。

クラスメイトは彼女のことを思いながら廊下に並び、卒業式の入場の準備を始めました。時間は刻々と過ぎていきます。

生徒たちはさまざまな思いを胸に抱きながら、教室前の廊下から式場へ向かいました。彼女のことが気になり、式場へ向かう途中でも窓の外を見る生徒もいました。式場の前に着いたとき、緊張のあまり誰一人話す生徒はいませんでした。

数分の沈黙のあと、司会者の「卒業生入場」の言葉が式場に響きました。その声と共に式場へ入場です。私は彼女用の胸花を胸に付け式場に入場しました。

彼女の席が空いたまま、卒業式は式次第どおりに進んでいきます。始めの言葉、学校長の話、来賓の挨拶、そしてとうとう卒業証書授与。彼女の席は空いたままです。

卒業生全員に卒業証書が渡され、式歌が始まりました。その時です。体育館のドアが開き彼女の姿が見えたのです。式歌の最中だったのですが、彼女は体育館の中央まで走ってきました。予行練習もしていない彼女ですから、自分の席がどこにあるのかもわかりません。

気がつくと、私は、自分の席を探している彼女に走り寄っていました。そして、彼女を席まで誘導しました。クラスの生徒も彼女の姿に気づきました。クラス全員がそろっての式になったことの嬉しさに感激し、みんなの歌声が涙声になっていました。

修学旅行も欠席した彼女に、クラス全員で京都から手紙を書いたこと。クラスの仲間の誕生日には、いつも誕生日の歌を歌い合っていました。彼女の誕生日に彼女がいなくてもみんなが彼女のために歌を歌ったこと。

しかも、「彼女の家の方を向いて歌おう」という声まででてきたこと。毎日彼女の家を訪ねてくれた生徒。自分の入試前日の日も彼女の家を訪ねていた生徒たち。彼女を席に誘導する私の頭の中で、たくさんのことが思い出されました。

自分の席のところへ来た彼女に、私は自分の胸から胸花をはずし彼女の胸にその花をつけました。式場の時間が止まったようでした。私も生徒たちも、涙で声を出すこともできませんでした。

席に座るようにと彼女の肩をたたきました。そして、職員席にもどろうとしたとき、彼女の口から「先生、ありがとう」と。私は心が震え、声を出すこともできませんでした。

学校長が職員席にもどった私の後ろにきて、小さな声で「彼女に卒業証書授与するから、いいね」と言ってくれました。涙で「はい」と言う返事もできませんでした。そっと、彼女に走り寄り、「今から卒業証書授与するから、いいね」という私の涙声に「はい！」としっかり、はっきりと返事をした彼女でした。

司会者が式場に響くように「ここで、もう一度卒業証書授与を行います」と伝えてくれました。「平成○○年度卒業生　○○○○」という私の声は、自分でも涙声で声になったかどうかわからない状態でした。

彼女の「はい」という声。クラスメイトみんなが見守る中、彼女はステージに上がり、卒業証書を受け取りました。クラスのみんなが泣いています。来賓も保護者も職員もみんな泣いています。

卒業式が終え、彼女の周りにはクラスメイトが駆け寄りました。クラス全員で卒業式をしたいという願いがかなったのです。

ひさびさに会ったというのに、まったく違和感がなくみんな楽しく話をしていました。きっと彼女の姿が教室になくても、いつも彼女はクラスメイトの心の中にいたのです。

この日を待っていたのは、生徒だけではありませんでした。クラスの保護者もみんなこの日を待っていたのです。

保護者の方々も彼女の母親の周りに集まりました。同じ親として彼女の苦しみをわかっていたのでしょう。式場のみんなは涙顔から、笑顔に変わっていました。


帰り際、グランドで在校生が列を作り見送りをしてくれました。私は在校生の列の最後にいて卒業生を待っていました。

在校生の列の間を通りながら、在校生一人ひとりにお別れを言いながら歩いてきた卒業生。卒業生は最後に私と握手をしてくれました。そんな列の中を彼女も通ってきました。そして、私を見つけ走り寄ってきたのです。驚いたことに彼女は、「先生・・・」と言いながら抱きついてきました。

クラスの生徒が送ってくれた私への色紙に彼女は、「先生のクラスで幸せだった」と書いてありました。


家庭訪問を繰り返してきた二年間。でも一度も彼女は玄関に顔を出すことはありませんでした。行く度に、あえて大きな声で母親と話をしていました。部屋にいる彼女に聞こえるように大きな声で母親と話をしていたのです。会えなければと、電話をしてみました。

それでも彼女が出ることはありませんでした。手紙も書いてみました。返信はありませんでした。その彼女が、私に感謝の言葉を、そして仲間たちにありがとうの言葉を告げたのです。


彼女が二年生の後半に登校したことがありました。ずっと休んでいたときでした。彼女は遅刻をしながらも登校したのです。とても嬉しかったのですが、彼女の姿を見たとき、素直に喜べなかったのです。登校する少し前に髪を染め、スカートをすごく短くし、アクセサリーをいっぱいつけての登校だったのです。今まで一度もそんな格好で登校したことはありませんでした。まして、普段からそのような姿をする生徒ではありませんでした。

彼女の姿を見たとき察しました。ここまでしないと彼女は登校できないのかと。その姿を見ていて、なぜか彼女がいじらしく感じたのです。その姿を見ていて、涙が出そうなほど彼女のいじらしさを感じました。

でも、私の判断で彼女を家に戻しました。「家に帰って着替えてきなさい」と。彼女の姿を見て全校生徒が騒いだことはもちろんですが、クラスの生徒はみんな彼女が来たことを喜んでいました。それでも私は彼女を家に戻してしまったのです。

私もクラスのみんなも、彼女が学校に来ることを望んでいたにもかかわらず、私が彼女を家に戻したことにみんなは驚きました。私の気持ちをクラスのみんなに伝えました。「彼女が今日、登校してすごくうれしかった。きっとみんなの思いが伝わったのだと思う。それなのに彼女を帰してしまって、ごめん」

クラスのみんなは私が謝ったことに驚いていました。私は、「でも、私は彼女が登校するときには彼女らしく登校してほしいんだ。もっと肩の力を抜いて登校してほしいんだ。きっと彼女はあのまま登校しても疲れてしまう。もっと彼女らしさを大切にしたいんだ」とその理由を話しました。みんなはわかってくれたようでした。その翌日からも、彼女の家にクラスの生徒は帰りに寄っていました。

私が彼女を家に戻した日の夕方、彼女の家を訪ねました。彼女は母親に「学校に行ってみんなの顔を見られて嬉しかった。でもちょっと疲れたよ」と話をしていたそうです。

そして、「やっぱり先生に、この格好を注意されたよ」と話していました。彼女はわかっていたのです。注意されるということが。もし、注意をしないで受け入れていたら、彼女はきっと不信感を持ったかもしれません。

しかし、数日間、私は彼女を家に戻したことについて悩んでいました。本当に家に戻したことがよかったのか。どこからか、「何しろ登校させることが最優先だろう。登校しているからこそ指導ができるのだろう」という声が聞こえる気がしてならなかったのです。

でも、どうしてもあのときはできなかったのです。あんなに必死に虚勢をはっている彼女の姿が痛々しかったのです。もっともっと彼女らしさがほしかったのです。

あの涙の卒業式が終え、その日にクラス全員と保護者が集まりました。みんなの笑顔は最高でした。

入学式、そして一学期の高校生活が始まりました。彼女のことは気になっていました。でも彼女はすっかり成長をしていました。そこに彼女がいなくても、いつも心がつながっていた生徒たち。卒業しても彼女と共に成長を続けているのです。

想いは必ず伝わるもの。
生徒を信じ続けて、
多感な時代の本当の心を探して欲しい。

◇卒業したけど、気づけばここにいた

企業でも学校でも、春は別れと出会いの季節です。特に学校では卒業式、そして、入学式と、生徒との別れと出会いが必ずある季節です。

中学三年生は一月下旬から二月中旬までの受験の期間を終えると、一、二年生とは別の日課で、卒業式までの間さまざまな活動が行われます。

卒業遠足や奉仕作業など、一つひとつが中学校生活最後の思い出となっていきます。

卒業式の練習も始まります。入退場のしかたや卒業証書の受け方、式歌などの練習を本番にむけて数回にわたり行います。最初の練習のころはザワザワしていた生徒たちも、卒業式が近づくにつれ練習のときから涙目になってきました。何度も何度も練習をしてきました。

そして、卒業式前日です。私は、「三年間で最後の行事だ。みんながこの場に揃う最後の日が卒業式。素晴らしい式を創り上げよう」と生徒たちに語りかけました。

その場の空気がピーンと張りつめた感じでした。その空気の中を、生徒たちの気持ちが伝わってくる感覚がありました。

いよいよ卒業式当日。できるだけ普段と変わらぬ気持ちで式に臨もうとしました。

生徒たちは素晴らしい卒業式を創り上げました。指導することも多くあったのですが、生徒たちが泣きながら歌った式歌を聞いたとき、「やはり素晴らしい生徒たちだ」と実感しました。

卒業式の晩は、学年の職員同士で少しだけお酒を飲んでから帰宅しました。私は少し酔いながらも、卒業式の感動が残ったまま布団にもぐりました。しばらくすると、わが家の庭さきが騒々しいのです。何ごとかとパジャマ姿で玄関を開けると、そこには今日卒業した数名の生徒が立っていたのです。自転車で隣町の私の家まで来たのです。しかも夜遅いこんな時間に。

「どうした?」と声をかけると、「みんなで集まったら、こうなっちゃった」と言うのです。夜も遅いので、彼らを家の中に入れて話をすることにしました。

台所へ行き、冷蔵庫からジュースとビールを持ってきました。彼らにはもちろんジュース。私はパジャマ姿のまま、ビールを飲みながら話しました。

彼らの話はあどけないものでした。「卒業したら寂しくなって、みんなで話しているうちにここに来た」というのです。夜遅くわが家に来た理由は、ただそれだけだったのです。それからしばらく、中学校生活の思い出話に花が咲きました。短い時間でしたが、彼らは大声で笑ったり、冗談を言い合ったり、本当に楽しい時間でした。

気がつけば深夜です。家に着いたら必ず電話を私に入れるようにと伝え、彼らを見送りました。

彼らが帰った後、私はドキドキしていました。

「気がついたら私のところへ来ていた」という彼らの言葉が嬉しくて嬉しくて、寝つけなかったのです。ただ、〝それだけの理由〟で夜遅く自転車に乗って、隣町の我が家まで彼らは来たのです。

卒業してからも忘れられない人がいた。
卒業してからも行きたい場所があった。
生徒たちの素直な心に、心が震えた。

◇一本のほうきから

四月、教育行政から学校現場へ、教頭勤務になりました。

学校へ戻ったら、「あれもしたい、これもしたい」といろいろ考えていました。その一つが「掃除」です。

学校へ着任して数日後。まず学校の生徒昇降口付近の掃除を始めました。毎日一本のほうきで掃除をしているだけなのですが、いろいろなことが変わっていくのに驚いています。

毎朝、昇降口付近を掃除しながら、登校してくる生徒たちにあいさつをしています。声をかけるとすべての生徒が元気に「おはようございます」とあいさつを返します。朝の生徒たちのさわやかな声に元気がでます。

このあいさつも、数日経つと変化がありました。

掃除をしていて、登校してきた生徒に気づかないでいる私の背中越しに生徒たちが、「おはようございます」と声をかけてくれるのです。驚くことに、二十メートル以上はなれた場所から大きな声で「おはようございます」と帽子を取りながらあいさつをしてくる野球部の生徒も出てきました。

陸上部が校舎周りを走っています。息が切れているにもかかわらず、昇降口を通り過ぎるとき「おはようございます」と声をかけてくれるのです。

生徒は純粋です。素晴らしいと実感しています。

昇降口付近を掃除していると思いがけないことが起きます。

私の横をあいさつしながら通り過ぎた女子生徒がつま先で歩き、昇降口に入っていくのです。

私が掃除をした場所を汚したらいけないと思って、つま先で歩いていたのです。笑いながら「いいんだよ。普通に歩けば」と声をかけました。彼女も私を見て、自分の行動に苦笑いをしていました。


ある日、「教頭先生、見て」と朝の昇降口で声をかけてくれた女子生徒がいました。彼女の指さす場所を見るとツバメが巣を作っているのです。「先生、今年もツバメが来たよ。去年もここに巣を作ったんだよ」と教えてくれました。

さりげない会話でしたが、とても嬉しく思いました。担任でもなく、授業も教えていないのに、親しく声をかけてくれるのですね。二人でツバメの巣をじっと見上げていると、あとから登校してきた生徒たちも、その場に集まってきました。

地域ボランティアとして、毎朝、生徒たちの登校を見守ってくれる方がいます。その方とも自然と声をかけあうようになりました。毎日あいさつを交わし、地域のこと、生徒のことなどをいろいろ話してくれます。毎日の掃除からあいさつが始まり、会話が生まれたのです。

一本のほうきで、毎朝、掃除をしているだけなのですが、日々の変化に驚き、その変化に学びながら、楽しんでいます。

生徒たちと「おはよう」で始まる一日は、毎日充実しています。

一本のほうきには大きな力があった。
まず掃除をすることで、あいさつがうまれた。
あいさつすることで会話がうまれ、最後に、信頼関係がうまれた。

◇自分探しの少年たち

学校区で大きなお祭りがありました。毎年行われているお祭りです。学校の先生方やＰＴＡの方々、地域の健全育成会の方々が、このお祭りのパトロールにでます。お祭り会場をまわると、生徒たちが友だちと楽しそうに話をしながら、夜店を回り買い物をしている姿をたくさん見かけました。

お祭りも終わりに近づいたころ、会場のゴミを拾いながら、浴衣姿の生徒たちに気をつけて帰るように声をかけて会場をまわりました。

ほとんどの夜店が閉まり、生徒たちもお祭り会場を後にしました。

会場の電気も消され、暗くなりました。そのあと、先生方や地域の方々で懐中電灯をもって会場周辺を見まわりました。

会場から離れた場所に、高校生らしき少年が二人、駐車場の車止めに座っていました。初めて会う少年です。私は気になって、彼らの横に行き、早く帰るように声をかけたのですが、返事は返ってきませんでした。

黙って彼らの横に座りました。数分が過ぎ、彼らから「なんだよ～」と話し出しました。「帰ろう」という言葉かけではなく、「いくつなの？　どこの中学校の卒業生？」と声をかけると、やっと彼らが話し始めました。

近くの自動販売機でジュースを買って、一緒に飲みながら、私と彼ら二人と、一時間近くいろいろな話をしました。あれだけ無視していた彼らが不思議なくらいに中学校の時の話を話し始めたのです。

警察に補導されたこと、不登校になったことなど、いろいろなことを話し出すのです。しばらくすると、一人の少年が「さぁ、帰るか」と声を出しながら腰を上げ、その晩は帰っていきました。

彼らとお祭りで出会ってから二年が過ぎた頃です。

小雨の降る夜でした。地域で気になる場所を中心に、地域の方々と一緒に懐中電灯を持ってパトロールを行いました。

ある場所まで来ると、人の気配がしたのです。近づいてみると十人近い青少年が集まっていました。中高生らしい男女、バイクに乗っている男子、改造したような車も乗りつけてありました。

異様な雰囲気の中、その集団に近づいていきました。すると、その集団の中にいた一人の男子が「あ！」と声を出し、私に抱きついてきたのです。驚きました。二年前のお祭りで会った彼でした。

「よく覚えていたな」と声をかけると「あいつもいるよ」と、あの時一緒にいたもう一人の青年も顔を出し、私に握手をしようと手を出したのです。

「ここで何しているの？」と彼らに声をかけると、「ただいるだけだよ」という返事。

「こんな時間に年下の子も一緒いれば、みんなお前たちの責任になるぞ」とやわらかい口調で彼らに伝えました。

「わかったよ。今、駅までこの子たちを送っていくよ」との返事。

彼らが駅からもどってくるまで待っていました。彼らは戻ってくると私に「もうみんな帰ったから、大丈夫だよ」と声をかけました。

その後、まだ仕事が見つからないこと、仲間といると安心することなどを話し出したのです。

今のままではいけないと思っている彼ら。でも、今の生活からなかなか抜け出せない彼ら。後輩を気づかえる本当は優しい彼らなら、きっかけさえあれば必ず本当の自分、やるべきことを見つけられると信じています。

どう生きたらいいのか。
この不安をどうしたら消せるのか。
本当は素直なのに、うまく表現できないんだ。

◇子どもが心を開いたとき

「うるせー」「かんけーねーだろう」という教師の注意を無視する、生徒の怒鳴り声が校舎内に響きました。

そんな中学校での生活を何度か経験してきました。

幾度か彼と話をする中で、彼は興奮することも少なくなってきました。それでも、授業を抜け出すことがありました。

今まで、それぞれの学年での勉強を身に付けてこなかった彼にとっては、授業中、教室にいるのが辛いのです。わからない授業を一日聞いていることができないのです。

事実をみつめ、勉強をやり直せばよいと思いながらも、それができずに、とうとう彼は中学三年生になってしまったのです。

中学三年生になっても、相変わらず、教師の注意に対して、「うるせー」「かんけーねーだろう」と決まり文句の言葉を返してきました。

私は、彼と話をするときは、彼の手を握りながら話すようになっていました。そうすることで、彼はやや落ち着いて、話を聞けるようになってきました。

それでも、まだ授業中に教室を抜け出すことは直りませんでした。校内ではけんかをしそうになることもありました。何かが彼をイライラさせているように感じました。

彼は野球部に所属していました。部活動だけは彼なりに一生懸命に頑張っていました。

春の大会では、彼のホームランで逆転勝ちをしました。

夏の最後の大会では、強豪チームと対戦し、コールド負けをしてしまいました。彼はグランドでふてくされた態度をとりました。その彼の姿に気付いたチームメイトはすぐに彼のところへ行き、その姿勢をやめさせました。

三年生になったころからしだいに、クラスの仲間が彼を見守るようになりました。野球の試合後の光景もその一つでした。

修学旅行に行った時も、彼の周囲には必ずクラスの友だちがいました。

彼の行動を見ていると、注意をすることが少しずつ少なくなってきました。それは、クラスメイトが、彼に誤った行動をさせないようにとしていたのです。

夏休み前に、校長として三年生全員と面接を行いました。

いよいよ彼の面接の番です。彼はいつも会話にならない状態でしたが、このとき面接会場に入ってきたときは静かに椅子に座りました。

でも、足はゆらゆら、落ち着いていませんでした。膝の上に置いた手も、細かく動いてばかりでした。

「二つ教えて、一つは今一番楽しいこと、もう一つは今一番心配なこと、この二つを教えて」と、彼に声をかけると、クラスメイトの温かさを感じていた彼は「楽しいことはクラスの友だちといるとき」と言ったのです。

そのあと何もしゃべらないまま、時間が過ぎました。そしてぽつりと「心配なことは、進路」と言うのです。

彼は、ずっと進路のことが心配だったのです。仲間の温かさが彼の心を開いたのです。素直に自分の気持ちを話せたのです。

面接後、彼は初めて自分から教科の先生に、「勉強したいから、プリントをください」と職員室に行きました。職員室にいた先生方は彼の言葉に驚きました。人は変われるのです。

友だちが彼をかえた。
人は人の想いだけで、
大きく変われる。

◇良い行動は、ゆっくりでも、着実に広がっていく

毎朝、学校周辺の掃除を続けていると、不思議なことが起きてきます。掃除をしていると近所の方も家から出てきて一緒に掃除をしてくれます。さらに、毎日、

同じ時間に私の横を自転車で走りながら「おはようございます」と声をかけてくれる方とのご縁もでき、すてきな時間となっています。

掃除から驚くほど不思議な、そして自然な出会いがたくさん生まれます。

掃除をすることでの変化は、地域の方とのつながりだけではありませんでした。

ある日、部活動の顧問の先生が校地周りを走りながら、ゴミを拾い始めたのです。そして他の職員は、トングを片手に、もう片方の手にはゴミ袋を持って毎朝ゴミを拾い始めたのです。

さらに、校舎の中では、朝の六時台に出勤した職員が学級教室の窓をすべてあけ、生徒の登校前に、教室の空気を入れ替えているのです。

また、他の職員は、校舎前にある花壇へ水をまき、暑くなりそうな日は正門付近、昇降口付近にも水をまくのです。

この環境作りで、よい循環が起きています。そして、この循環は生徒会にまで移ってきました。

今年の年度始めの生徒総会で、生徒会本部からの提案がいくつかありました。その一つに「毎月すべての部活動がない日があります。その日の朝、登校するときに、地域のゴミを全校生徒で拾おう」という提案がされたのです。

そして、五月からこの活動が始まったのです。

その日の朝、地域を歩いていると、軍手をして登校する男子生徒に出会いました。彼は少し歩くと腰を下ろし、落ちている空き缶やゴミを拾っているのです。彼の片方の手に持っている袋には拾ったゴミがいっぱいでした。

私と目が合うと彼は、「おはようございます」と元気で、さわやかな声であいさつをしてくれました。

学校へ戻ると、正門では生徒会本部の生徒が数名、大きな袋を持って登校中に生徒が拾ってきたゴミを集めていました。ペットボトルや空き缶、段ボール、紙などさまざまなゴミが集められました。

それを分別し、ゴミの回収場所に持っていくのです。

ゴミを拾う生徒の姿は、とってもさわやかです。一人が一つのゴミを拾っても、その日の朝には400ものゴミが地域からなくなるのです。二つ拾うと800ものゴミが、三つ拾うと1200ものゴミが地域から朝の時間になくなるのです。

そして、きっとその日の朝は、地域の方も生徒もすがすがしい気持ちで道を歩くのだと思います。

数年前まで、本校は竹箒が窓にささり、ガラスが割られているほど荒れていました。しかし、先生方の「率先垂範」の行いが、生徒たちの心に届き変化を起こさせ、このような行動へと自然に歩ませていったのだと思います。

生徒は先生方の姿をじっと見ていたのだと思います。そして、先生方のそのエネルギーが生徒たちの行動へと伝わったのです。

良いことは、ゆっくりだけど、間違いなく、確実に、着実に広がるものだと実感した瞬間でした。

いつの時代も大人は子どものお手本。
大人の行動は子のども心に伝わり、
子どもの行動も変わっていく。

◇みんな夢を持っている

毎年、夏休みになると校長としてたくさんの生徒と面接をしています。

数日間、朝八時から夕方四時過ぎまで、昼食の一時間以外は、ずっと生徒たちと面接をします。

よく、「今の若い人は夢がない」と言われています。私もそう思っていた時期がありました。でも、生徒たちと向かい合って話をすると、八割以上の生徒が、自分の夢を具体的に持っています。

そしてその夢は、単なる憧れでなくその夢を叶えたい理由もちゃんとあるのです。

あとの二割弱の生徒は、何も夢がないのかと思うと、具体的な夢は持っていなくても、将来のことをしっかりと考えていました。

「私、将来、弁護士になりたい」という生徒がいました。「どうして」と理由を聞くと、「えん罪というのを小学校の頃知って、その人の人生を考えると、私、弁護士になって、何が本当なのかをちゃんとしたい。えん罪を知ってから弁護士になりたいと思ったの。だから、勉強をしっかりとしようと思っている」と言うのです。

「美容師になりたんだ」という生徒。「どうしてなの？」と聞くと、「みんなをきれいにして、喜んだ顔が見たい。美容師になって、たくさんの人の笑顔が見たい」とニコニコしながら答えてくれます。

「俺、大学に行って、物づくりを勉強して、もっと世の中のためになるものをたくさん作りたい。そうすれば、みんなが幸せになるような気がするから」と、夢中で話す男子生徒。

「俺ね、設計士になりたいんだ。この前引っ越したんだけど、もっと、ここが工夫できるかなとか、こうすればおばあちゃんは家の中を歩くのに助かるかな、とか考えちゃうんだ。だから、多くの人が安心できる家を設計したいんだ」と、真剣に話す生徒。

「私、看護師になりたいの。おじいちゃんが入院した時、とっても優しくいつもニコニコしていて、本当におじいちゃん安心して入院していたよ。だから、私も患者さんが喜んでくれるように看病したいの」と、すでに看護師になったようにうれしそうに話す生徒。

「看護師は夜勤もあるし大変だよ」と言葉を返すと、「だからこそやりがいがあるよ」と答えるのです。

私は「看護師の『看』という字は『手』と『目』でできているね。患者さんに、手をかけ、目をかけ、声をかけ、心をかけられる看護師になってね。夢がかなうように応援しているよ」と言葉をかけました。

「俺は、まだ何になりたいか夢を持ってないけど、みんなが喜んでくれる仕事したい。みんなのために仕事をしたんだ」と目をキラキラさせながら話す生徒もいました。


ふと気がつきました。

今の生徒たちに共通していることがありました。それは、自分のためではなく、「みんなが喜んでくれる仕事をしたい」「多くの人のためになる仕事をしたい」と思っている生徒が多いということです。
東日本大震災後からなのか、学校でのキャリア教育を行っているからなのかわかりませんが、いずれにしても夢を語る生徒たちの目はきらきらしていました。

夢を声に出して伝える姿。
夢は必ずかなうと伝えたい。
その一歩を後押しするのが大人の役割だ。

◇いつでもあなたを見守っている

春を待つ冬の終わりは受験の季節です。

中学三年生は自分の進路を決めるときです。受験校を決めるまで、生徒は何度も何度も担任と相談し、保護者と相談し、自分の進路先を考えてきました。生徒はいくつもの高校の説明会に参加し、自分にあった受験校を探してきました。

そして、いよいよ受験の日です。緊張感の中、自分の目指す高校で入試を受けてきます。問題をよく起こしていた男子生徒が、受験日の朝、学校に電話をしてきました。「体調が悪いから、今日は行かない」。その電話を受けた担任はびっくりしました。家族はすでに仕事に行って、家には彼一人。受験しなければ合格もできないのです。担任がすぐに彼の家に行きました。

彼は今まで勉強をあまりしてこなかったので、受験しても受からないと自分で決めていたのです。そんな思いがあって、受験日の朝、担任に体調が悪いと言って受験をするのをやめようとしていたのです。

試験開始まで、あまり時間はありませんでした。担任は彼に、「まず、受験だけはしてみよう」と話をし、彼を連れて試験会場へ行きました。

試験が終えたころ、彼から担任に電話が入りました。

「試験終えた。できなかった。今から帰る。朝、ありがとう」とだけ伝えて電話を切りました。

合格発表の日、彼は自ら受験校へ合格発表を見に行きました。受験を渋っていても、合格発表は当然気になるのものです。

合格発表の時間です。彼はどれほどドキドキしていたことでしょう。受験生は全員、合格発表を見て、その結果を学校に電話してくることになっています。

その時間は、職員室の電話が鳴りっぱなしです。

「先生、合格した！」

「やった！　おめでとう」

「この学校を一緒に受けた人、みんな受かったよ」

「本当か。やったな。みんなで学校に戻ってこいよ」

「うん、わかった」

でも、残念なことに不合格だった生徒もいます。

「先生、だめだった。今から帰るね」

「そうか、そうだったか」

と担任の残念そうな言葉。こんな電話のやり取りが職員室のあちこちで聞こえてきます。

気になる彼からの電話がなかなか入ってきません。職員室の電話が鳴りやみ、一時間以上過ぎたころです。

職員室の電話が鳴りました。担任はすぐに受話器を取りました。彼からの電話でした。担任はあわてた口調で「どうだったの？」と彼に話しかけました。

彼は、小さな声で「受かった」。その言葉を聞いた担任は職員室で大きな声をあげました。

「本当？　やったね。いい、ぜったいに三年間学校をやめちゃだめだよ。いい、もし何かあったら、私のところに来なさい。絶対にやめるんじゃないよ」。担任の目には涙がありました。

その日の夜、職員玄関に一人の生徒が立っていました。あの生徒でした。彼は担任に「ありがとう」と言いに来ていたのです。

高校受験は、生徒一人ひとりを大きく成長させていきます。そして、生徒の頑張りに教師もたくさんの感動を生徒から与えていただいています。

結果ではなく、行動と勇気に拍手。
子どもは自信を持ち、
強く、前向きに未来へ歩みだす。

◇先生と話したかったから

休日の夕方、わが家の電話が鳴りました。

「こんにちは、〇〇ですけど・・・」。名前を聞いた瞬間に、以前私のクラスにいた生徒だとわかりました。

久しぶりの電話に驚きながら、いろいろな話をしました。

あまりにも久しぶりで彼女に年齢を聞いたところ、「もう三十代後半になっちゃった」と言うのです。中学一年のときに私のクラスでしたから、すでに二十数年ぶりになります。

一年生の彼女を担任した翌年に私は転勤をしましたので、彼女の中学二年、三年のときの様子は分からぬままでした。彼女が中学二年生に進級してからは、連絡もないまま時が過ぎていました。

彼女はクラス内でもおとなしく、ややからかわれやすい生徒でした。でも、彼女はどんなことがあっても、いつもニコニコして友だちと接していました。

「突然の電話でどうしたんだ」と彼女に尋ねると、少し間をおいて、「先生、今、子どもが遊んでいたら、絵本の間から先生の手紙が出てきて、懐かしくなって電話しちゃった」と言うのです。

「手紙?」と疑問に思いながらも、話を続けました。

「同級生とは会うことあるの?」と尋ねると、小さな声で、「あまりない」と言うのです。

中学校二年生になってからの話を彼女は始めました。

中学校を卒業する前に、引越しをし、転校したというのです。高校生になっても、親の仕事の関係で、さらに引越しをしたと言うのです。

「引越しと転校が多くて、学生時代の友だちがなかなかできなかったんだ」とたんたんと話す彼女の顔が電話の向こうから見えるようでした。

言葉はたんたんとしても、ニコニコして話をしていても、中学生のときのように、心の中は辛いことが彼女には多かったのだと思いました。


電話の向こうから、元気な子どもの声が聞こえてきました。話の途中でしたが、「元気な声だね」と声をかけると、彼女の声は、ぱっと明るくなりました。

「もうすぐ、小学生になるの。毎日大変だよ。でも、この子がいつも私に元気をくれるよ」と嬉しそうに話をするのです。

「親になって始めて親の大変さが分かる気がしている。今まで、何度も親のことを恨んだけど、でも、そうするしかなかった親の気持ちも分かってきた気がする」と話す彼女の言葉に、彼女のいじらしさ、優しさを感じました。


何を話したということもなく三十分ほど電話で彼女と話していました。

電話を切るとき、彼女は「先生、ごめんなさい」と言うのです。彼女が謝ることなど心当たりがありませんでした。

「先生、さっき絵本の間から先生の手紙が出てきたと言ったけど嘘なの。ごめんなさい。ただ、先生の声を聞きたくなって。それで、電話をかける理由を作ったの。ごめんなさい」

と言うのです。

理由などなくてもいいんです。電話をもらうだけで役に立てれば、すごく嬉しいんだから。


誰しも話したい人がいる。

誰しも話したいときがある。

あなたはじっと聞いてあげるだけでいい。

◇先生、写真を見て

数年前、教え子たちがクラス会を開きました。会場の居酒屋にはその当時のクラスの生徒がほとんど集まりました。

すでに就職をしている教え子も多く、お互いに、何をしているのかさえ分からない状態でした。飲みながら、自然と近況報告大会が始まりました。遠くに住んでいて、このクラス会のために帰郷した教え子もいました。

話が盛り上がるにつれ、教え子たちは中学校のときにもどったように、懐かしい思い出を語り始めました。その場が中学校時代にタイムスリップしたようでした。

私の席から、離れて座っていた一人の教え子が私と目が合うと、さっと腰をあげ私の隣に座りました。

彼女はかばんから携帯電話を取り出しました。その携帯電話を私の顔の前に差し出しながら、「先生、見て！」と言って携帯電話に入っている画像を見せてきたのです。そこには一人の少年が写っていました。「○○君って言うんだよ。かわいいでしょ」と、すごく嬉しそうに話すのです。

画像を換え、他の画像も見せてくれました。数人で写っている写真や彼女を囲んでの集合写真、エプロンをかけながら車椅子を押している彼女の写真もありました。

彼女は、携帯電話に写っている一人ひとりを説明し始めたのです。

「この子はね、ちっとも私の言うことを聞いてくれないんだけど、とっても優しいのよ」

「そうそう、この子はね、食べるとき、すぐに食べ物を落としちゃって、いつも苦労しちゃうの。でも、この笑顔いいでしょ」「この子はね・・・」と、写真に写っている一人ひとりについて、彼女とのかかわりを楽しそうに話すのです。

クラス会からしばらくして、私の職場が変わりました。ある日の午後、職場から出張に行こうとしたときでした。車に乗り職場を出て、少し走ったところで車椅子を押している人を見かけました。

うしろ姿がクラス会であった彼女に似ているのです。スピードを落とし振り向くと、やはり彼女でした。

車を止め窓を開けて、彼女と目があった瞬間、「あ！」と彼女の驚きの声が聞こえました。「先生、どうしたの？」「ここで何しているの？」という彼女の言葉に、「この先で仕事しているんだよ」と答えながらも、お互いに思わぬ場所で会ったことに驚いていました。

車から降り、彼女に「ここで何しているんだ？」と同じ言葉を返すと、彼女は「この先の障害者支援の施設で働いているんだよ。もう先生忘れたの？　この前のクラス会のときに話したのに」とニコニコしながら話すのです。

「先生、紹介するね。〇〇君だよ」と言いながら、車椅子に座っている少年を紹介してくれました。その少年もニコニコしながら、あいさつをしてくれました。

彼女の本当に嬉しそうな顔、生き生きとしている姿に、私まで嬉しくなりました。

中学生のとき、身体が細く、体力もあまりなかった彼女が、今、とてもたくましくなり、障害のある人を支援する仕事をしているのです。

別れ際に彼女が「この仕事がすごく楽しいの」と話してくれました。

自分のしている仕事が好き。

好きだから、毎日生き生きしている。

教え子のたくましい成長に涙・・・。

◇教え子の成長に、あらたな発見を

「懐かしい・・・・」。そう心の奥から思うほどの教え子たちの同窓会に出席しました。

彼らは中学校を卒業して初めて同窓会を開いたのです。

もうすぐ四十歳になろうという年齢になっていました。中学校を卒業して、すでに、二十年以上過ぎていたのです。

私が三十二歳の時に卒業した生徒たちです。その当時、とてもとても厳しく指導をしていたことを思い出します。

この学年の学級数は五クラスでした。同窓会当日は、五人の担任はもちろん、学年所属の先生もみんな集まったのです。

生徒たちは、他県に転勤した担任に連絡を取るために、住んでいる場所を探すために、その県の教育委員会や知り合いに何度も電話を入れ、当時の担任の先生を探したと聞きました。

素晴らしい生徒たちです。最高の仲間たちです。

「先生、私たちわかる?」と三人の女性が私のところに来ました。卒業して二十年以上過ぎても、しばらくすると中学校当時の顔になるのですから不思議です。そして、一人ひとりが「先生、今はね・・・」と近況を話してくれます。

男子生徒も寄ってきました。「俺は、今、乳を搾っている」「え!?」と答えると、「先生、親父のあとをついて、酪農をやっているんだ。牛たちはかわいいよ」。

ある人は、「今、こんな仕事をしています」と出した名刺には「弁護士」と書かれてありました。

「今度、何かあったら頼むよ」と酔っぱらいながら彼に声をかけると、「法に基づいて行いますから」と。お互いに目を見て大笑いしました。

「車の修理をしているよ。もう油まみれだけど、先生、この仕事、いいよ。お客さんが喜んでくれるんだから」と本当に楽しそうでした。

「今、大学で准教授しているよ」と声をかけてきた生徒に、「今度、俺も働かせて」というと、「熱血だけでは大学はつとまらないよ」と笑いながら答えるのです。

「最近、冬山にはまっているんだ。今朝も三時に家を出て、富士山に登ってきた」「え、今、冬だぜ」「聞こえるのは風の音だけ、すごくいいよ」といいながら、撮ってきたばかりの写真を見せてくれました。

「先生、私、女を磨いているよ」と声をかけた女子生徒。いろいろなことが中学時代にあった生徒でした。「懐かしいね」とニコニコしながら話しました。

同窓会の最後には、一番やんちゃだった男子生徒が、今年定年退職をする一番厳しかった先生に、言葉を添えて花束を渡しました。

この先生は、厳しく厳しく指導をする中でも、彼を自宅へ連れて行き、家族の中に入れ、夕飯を食べさせたりしていたのです。

やってはいけないことをしたときは、しっかりと叱る。そして、温かい目で生徒の失敗をしっかりと見守っている姿。その先生からも、やんちゃな生徒からも、大切なことを教わりました。

「二次会に行こう」と生徒が声をかけてくれました。二次会も盛り上がりました。二次会のお開きの少し前に席を立ち、帰ることにしました。その時、私をエスカレーターまで見送ってくれたのは、幹事とこのやんちゃな生徒でした。

エスカレーターに乗り二階から一階に降りるまで、やんちゃだった生徒は私にずっと頭を下げていたのです。

やんちゃだった彼、成長したな。自然と涙があふれました。

子は必ず大人に成長する。
焦らず未来を見据えて、
導いてあげたい。

◇教師冥利

夜十時を過ぎたころ、私の携帯電話が鳴りました。

風呂上がりだった私は、まだ髪がぬれている状態のまま電話に出ました。

こんな時間の電話だったので、何かあったのかと不安に思いながら受話器を耳元に持っていくと、受話器の先から聞こえてきた声は、聞き覚えのある声でした。

「先生、覚えている?」という彼の言葉から、少し話し始めると、もう二十八歳くらいになっている教え子の声でした。「今、先生の家の近くで飲んでいるんだ。来てよ、少しでいいから」。

少し戸惑っていると、「今は三人で飲んでいるよ。十分でいいから、顔を出してよ」というのです。

風呂上りということを告げ、「十分だけ顔をだすから」と歩いて数分の居酒屋に、素足のまま草履をはいて行きました。

「わぁ、久しぶり」と歓迎されました。

私も一気に話に花が咲き、盛り上がってしまいました。

一人の教え子は、今年子どもが産まれるというのです。もう一人の教え子は年内に結婚をするというのです。

みんな中学校の三年間、私のクラスの生徒でした。

「十分だけ」ということも忘れ、十二時過ぎまでその店で飲んでいました。飲みながら、教え子はその当時の同級生に電話を入れたのです。その場にいないにもかかわらず、どんどん仲間の近況がわかってきました。

深夜十二時過ぎに解散しましたが、「先生、近々、みんな集めるから、また飲もう」という教え子の言葉に「うん」と即答。

「近々」が一週間後とは知らず、数日後に「先生、時間と場所決まったから」との連絡。

その日に集まったのは、同級生だけでなく、私が教えた他の学年の生徒も来ていました。

また、中学時代の話で盛り上がり、五時間以上飲んでいても、話が尽きないのです。

ある教え子は、中学校時代からの夢であった農業をめざし、今は、信州で高原野菜を作っていました。去年の夏には、彼が働いている信州に同級生が何人も集まって、信州の山に登ったといいます。

ある教え子は国際結婚。ある教え子は、現在、彼と喧嘩中。ある教え子は、セールスマンとしての頑張りを。ある教え子は「先生、これ、お母さんから」とお土産持参で・・・。

また、その場にいない教え子の話題もでました。今、フリーのアナウンサーをしている教え子です（彼女は中学時代からアナウンサーになるのが夢だった）。

あるスポーツで世界大会に出場した教え子（彼女は世界大会に出発する前に私に電話をくれた）。

会社を経営している教え子に電話をいれると、「今、茨城から車で神奈川に向かっている。今から二時間ちょっとで着くからそれまで飲んでいてくれ」。

彼らとの話は「仕事観」や「結婚観」「人生観」にまで広がりました。

ワクワクして毎日をすごしている教え子たちに囲まれていることに幸せを実感しました。

「人生、一度しかない。だから悔いのないように生きたいよな」と彼らに伝えました。

偶然、彼らの中学校の担任となった。そして、こうして一生の付き合いができている。まさに教師冥利です。

教師としては偶然の出会い。
しかし、生徒にとっては、
一生の大切な出会いとなっている。

◇教え子との再会はＳＮＳだった

インターネットの普及はすごい勢いで進んでいます。特に、ＳＮＳ（ソーシャル・ネットワーキング・サービス）はすごい勢いで広がっている感じがします。

パソコンに詳しくない私も今では、Facebook をはじめいくつかのＳＮＳを活用しています。

ある日、そのFacebook 経由で、私につながってほしい（ネット上で友だちになること）と教え子からリクエストがありました。中学校二年、三年と担任をした女子生徒でした。

もちろん「ぜひ！」と答えました。

しかし、驚くべきことが。私へのリクエストメッセージに「先生って呼んでいいですか？」と書かれてありました。

実は、担任をした二年間、やんちゃだった彼女は、私の指導に反発をしていました。私と何度もぶつかっていました。それでも私は、彼女にちゃんと中学校生活を送ってほしいと強い指導もしてきました。

そして、中学時代、彼女は担任の私を「先生」と呼んだことは一度もありませんでした。

なのに、中学校を卒業して二十年以上たった今、彼女から私に届いたメッセージが、「先生って呼んでいいですか？」ですから驚きです。

こんなメッセージも彼女から届きました。

「先生の名前は、少しくすぐったいなぁ〜（汗）。寂しかった私は沢山迷惑をかけましたね〜。だから、こうしてフェイスブックでつながれて感謝しています。照れくさいかもなぁ〜」

彼女は、中学校を卒業するころ、母親が病気で入院したのです。彼女は、毎日、学校帰りにスーパーマーケットに立ち寄り夕飯やお弁当のおかずを買っていました。

それから病院へお母さんの看病に行き、そして帰宅してからは、夕飯の支度をして父親を待っていました。朝は早く起き、自分のお弁当を作り、お昼には他の友だちと同じようにお弁当を食べていました。

その大好きだったお母さんは、彼女の高校の合格も、彼女の卒業の姿も見ずに亡くなったのです。

「先生・・・いつまでも、いつまでも私の先生で居てくれてありがとうございます。私も母になり、イジメの事件や、連日のニュースを見て、自分の子供たちの日々の出来事に振り回されています。自分の事の様に辛かったりする子供の事に、どう向き合うのか、毎日が必死だったりして・・・。そんな時、いつも先生のフェイスブックに救われています。

先生のフェイスブックに『いいね』しか出来ませんが、励まされている教え子がここにいます。先生・・・ありがとう♪」

「先生には、迷惑をかけました。だから、今を頑張って頑張って、頑張って・・・。それでも頑張って・・・でも、足りなくて・・・。あの時、頑張らなかった分、良いお母さんになりたくて・・・。我が子には、私が病気のお母さんにしてもらいたかった事を精一杯してやりたくて・・・。今の私は良い旦那さんと同級生のママたちに支えられています。でも、辛い現実もあります。そんな時、先生が、先生のまま、フェイスブックでつながっていてくれるから、もう負けられないって思えるよ」

あのわがまま生徒が、時を超え私に感謝してくれたこと、立派なお母さんになっていること、尊い理念を持ち始めたこと・・・、感動で涙が溢れました。

忘れてはいけません。いまは制服を来ている子も大人になり、家庭を持ち、子を育てるのです。

また、教え子に人生の深さを学びました。

信じて全力でサポートする。
いまその答えは求めてはならない。
いつの日かかならず届く日が来るから。

◇教え子の会社経営

ある日曜日の早朝、中学時代の三年間、私が担任をした男子生徒から電話がかかってきました。

彼は車代行の会社を経営していました。電話に出ると、いきなり「先生、先生、元気！」と、耳が痛くなるほど、元気な声で話しかけてきました。

彼からの電話はひさしぶりでした。

「お～。朝からどうした？　元気すぎるぞ。久しぶりだな」と、会話を始めました。彼はすぐに仕事の話を始めました。「先生さ、最近、俺のしている仕事、同業者が増えてさ、まいったよ。まいったな、なかなか競争厳しいんだよな」

あの明るい彼が、会社経営で悩んで電話をかけてきたのです。

声は明るく元気なのですが、会社の経営は苦労している様子。

同級生もときどき彼の会社事務所へ顔をだし、仕事を手伝っていたそうです。

「他の車代行の会社と競争することを考えないでいいんじゃないの。自分の会社らしくすればいいじゃない。お客様にどうしたら喜んでもらえるかを考えるだけだよ」と伝えると、彼は黙ったままでした。

「車の代行を使う人は、お酒を飲んでいる人だろう。お酒を飲んでいる人は、どうしてほしいのかな？」と彼に問いかけました。

少し時間をおいて彼が話し始めました。「先生、そうだよな。小さいことだけど、板ガムや飴をお客さんに渡すだけでも違うよな。先生、ありがとう」というと、すぐに電話を切ったのです。

今では立派な経営者の彼ですが、実は中学時代、ほうきで私に殴りかかってきた生徒なのです。

携帯電話を持って登校してきた日がありました。時には校内で、携帯電話で誰かと通話しながら歩いていたこともありました。そして、校内での問題行動も目立ち始めてきました。ある日、遅刻してきた彼に服装を指導したときです。昇降口で彼と言い合いになりました。興奮した彼は近くにあった柄の長いほうきを私に振り上げたのです。ほうきを振り上げた状態で、しばらく沈黙が・・・。

彼の興奮ぶりからすると、そのほうきで殴られても不思議ではありませんでした。しかし、私は彼の方に一歩踏み出しました。もし、彼がほうきで私を殴ってきたなら、今までの私の指導は間違っていたことになる。「間違ってはいない、間違ってはいない」と自分の心に言い聞かせていました。

しばらく彼と私はその状態のまま、静止していました。そして彼は振り上げたほうきを投げ捨て、私の前から去って行ったのです。

成人式の晩、彼とそんな昔話をしながらお酒を飲みました。成人をした彼は自分の道をゆっくりでしたが歩き出していました。

彼は、車の代行業を始めるまでにはきっと大変な苦労があったと思います。何人かの従業員とともに、「お客様のために」と会社を経営していたのです。

でも、彼が大切にしていたのはお客様だけではありませんでした。従業員を本当に大切にしていました。しつこいほどに大切に。

「俺のしつこさは、中学時代の先生のしつこさと同じだな」と彼が笑って話していたことを思いだします。

そして、彼は数年後に二つ目の会社を立ち上げ成功への道を歩んでいます。

大切なのは、お客様に喜んでもらうこと。
従業員（仲間）を大切にすること。
どんな職場にも共通している最も大切なこと。

◇大人になった教え子たち

すでに中学校を卒業し、社会人となっている教え子から、ある晩、電話がかかってきました。彼は私の担任のクラスで三年間過ごした生徒です。

「先生、今夜、時間ある」「どうしたんだよ、いきなり。でも、久しぶりだな」
「そう、久しぶりでしょう。今どこにいるかわかる？」「わかるはずないだろう」
「先生の家からすぐの居酒屋にいるよ。先生きてよ！」

あの居酒屋だと直感しました。教え子が急に飲みに誘うときは、わが家から一番近い居酒屋から電話をしてくることが多いのです。教え子たちは、そこで飲めばすぐに私を誘えると思っているようです。

「でも、俺、さっき帰ってきたばかりだぞ」「いいから、来てよ！」

「わかった。じゃ一時間だけな」

こんな電話のやり取りは、よくあることです。服を着替えて、草履を履いて居酒屋に向かいました。


そこには彼以外にあと数人の教え子がいました。教え子たちは中学校の頃の話で盛り上がっていました。いろいろなことが起きたクラスでした。でも、みんな懐かしい思い出になっていました。


彼らは、もう社会人。話題は、中学時代の昔話から、職場のこと、結婚のこと、家庭のことになっていきます。そんな彼らの会話を聞いていると、「成長したな」と感じました。

「先生、俺、赤ちゃんができたんだ。もう父親になるんだよ。でもまだ実感ないんだ。父親になる実感をもっと持たないといけないよね」「え！　この前まで中学生だったのに、親になるのか」「そんなこと言わないでよ。そうそう、昨晩夫婦喧嘩してさ、もう大変で。今日もまだ口聞いてないんだよ。先生は夫婦喧嘩した時どう解決してるの？」などなど。

生徒と教え子の会話から、知らず知らずに大人同士の会話になっていたのです。

他の教え子も、「先生、俺、もうすぐ結婚するんだ。三年間付き合ってやっと結婚だよ」

「先生、俺の職場だけどね・・・」とどんどん話が出てくるのです。

さらに疎遠になっていた同級生の話に。

「先生、あいつ何しているかな」「電話してみろよ」

「え〜、あいつは今、九州で仕事しているぞ、電話してみるか」

そんな会話から、同級生にどんどん電話をするのです。これもいつものことで仲間のつながりを実感するときです。

彼らの姿を見ていると、中学校を卒業し、すでに十年以上過ぎているにもかかわらず、こんなにも強くつながっているんだな、と感じます。

中学校の時、偶然同じクラスになった仲間が、こうして社会人になってもつながっている。彼らはきっと一生つながっているんだろうな。

私も彼らとは偶然つながった。彼らのクラスを担任する確率はどのくらいだろうか。その確率の中で彼らと出会い、彼らとつながり、こうして今がある。

きっと彼らとは一生、付き合うだろうな。こんなことを思いながら、彼らと数時間も話をしていました。

教え子といると、なぜか心許せる仲間といる感じになっているのが不思議です。

でも、教えることが少なくなっていくのは教師としては少し寂しい反面も。嬉しい悩みです。

> 気づいたら、会話が大人同士になる。
> 嬉しい反面、少し寂しい反面。
> 子は着実に大人への階段を登る。

◇学びの教室でおこなったクラス会

成人式は、教え子たちとの再会の時です。中学校を卒業して五年間ほどですが、すべての教え子たちは大きく成長しています。

ある年の成人式に参加したときのことです。この学年は中学校生活の三年間、いろいろなことがあった生徒たちでした。

そして、三年間私のクラスだった生徒も多く、入学式のこと、家庭訪問での保護者との会話、遠足・修学旅行などの学校行事、さまざまな問題行動まで、三年間の中学校生活を鮮明に思い出していました。


彼らが中学生のとき、いくつかの問題が学校で起きていました。

私の注意に対し、竹刀で殴りかかろうとしてきた生徒がいました。「ここで殴りかかられたら、今までの私の気持ちは彼には通じていなかったんだな」と思いながら、竹刀を振り上げた彼にぐっと近づきました。彼は、私の思いもよらぬ接近にその竹刀をそっと足元におろしました。

親への反抗もありました。家庭訪問し、父親ともめている彼を家から連れ出し、私の車で彼の気持ちが落ち着くまで走り回ったこともありました。

また、夜遊びをして、朝、起きられずに遅刻が多くなった彼の家に、朝、家庭訪問し、彼の部屋に入り、布団をはがし、起こしたこともありました。

彼は他校の生徒との関係ができ、行動範囲も広がり、私もクラスメイトも心配することが多くありました。

でも、クラスメイトは、彼が学校を休んだときも連絡をし、いつでも彼をクラスの中に受け入れようとしていました。

中学校を卒業し、数年後にクラス会を行いました。彼らが選んだ会場は卒業をした中学校でした。しかも三年生のときの教室を会場にしたのです。

みんなが教室に集まり、懐かしい話で教室は盛り上がっていました。ジュースもお菓子もないクラス会の会場ですが、みんな笑顔でいっぱいでした。

そのとき、「みんな、中学校を卒業するときに座っていた自分の場所に座ろうよ」と、どこからか声が聞こえました。

さっと、全員が席に着いたのです。卒業してから数年経っているにもかかわらず、全員が自分の席を覚えていたのです。もちろん、彼もです。

「じゃ、先生。今から、朝の会を始めてよ」という声がしました。「今日は、あいつ寝坊してないだろうな」との声に、みんなで大笑いしながら彼の方を見ました。彼は照れ笑いをしながら、「俺は、ちゃんといるぞ！」と大きな声で答えていました。

成人式の式典が終わり、懇親会が始まると、彼が「紹介したい人がいるから、ちょっと来て」と私を呼ぶのです。彼は私をひっぱりながら、成人式の会場の入り口の方へ案内してくれました。

そこには中学校時代に彼と共に行動していた他校の生徒たちが数人集まっていました。彼らも中学時代、つっぱっていて、問題行動を起こしていた生徒でした。

彼は私をその生徒たちの前で、「これが俺の中学の時の担任だよ。中学校の頃、話していた担任だよ。この先生がいたから、俺、何とかなったんだよ」と紹介してくれたのです。

今、彼は二十人もの従業員がいる会社の経営者です。

何年たっても、
学生時代の思い出は美しい。
そんな片隅にいつもいられる幸せを感じる。

☆相手の心をつかむ【中野マジック1】教師と生徒編

1　生徒の気持ちを受け止めるマジック

生徒のパワーを活用することができれば、生徒はやりがいを感じ、日々充実感を味わいながら学校生活ができていきます。

突然ですが、生徒が殴りかかってこようとしてきたとき、教師のあなたはどうしますか。振り上げた生徒の手を握り・・・次にどうしますか。

振り上げた生徒の手を握り、そこで押さえて、その手を振り下げないようにする方もいると思います。でも、それでは、お互いの感情がぶつかってしまいます。生徒の感情的になった思いを抑え込んでは、生徒の感情はさらに膨らんでいきます。

しかし、生徒もいったん振り上げた拳を簡単に下げることはできません。

だから振り上げた生徒の手を握り、その生徒の手を一緒に振り下げてあげるのです。

もちろん自分が殴られないようにしてです。

この考え方で生徒と接してきました。時には激しくぶつかることもありました。でも、私の心の中では、いつも生徒の感情的になった心に手を添えて、一緒に動いていこうとしていました。

これが、中野流の**「生徒の気持ちを受け止めるマジック」**なのです。

2　保護者とつながるマジック

生徒の一日の生活時間は、「学校での生活時間」＋「家庭での生活時間」で、ほぼ過ぎていきます。

生徒の学校だけでの姿を見ているだけでは、生徒を理解することはできないものです。

朝、イライラしている生徒は、家を出るとき親と喧嘩でもしたのかなと思えます。

同じ生徒が、学校と家庭で生活しているのですから、学校と家庭がつながっていてもいいのです。

言葉では「つながりましょう」というものの、具体的には、どうつながりますか？

学級懇談会での保護者の自己紹介は、自分の趣味を一言付け加えて行います。そして、私と共通の趣味でつながってしまうのです。趣味が違っていても、その趣味に興味を持ってしまうのです。音楽の趣味があればCDを借りてしまいます。教室に花が欲しいときは、保護者にもらいに行きます。保護者とのつながりは、保護者と友だちになってしまうことです。

これが中野流**「保護者とつながるマジック」**なのです。

3　生徒に学ぶマジック

生徒は教師の教師なのです。教師は生徒の生徒なのです。教師と生徒は違います。でも、教師の教師は生徒なのです。教える立場にありながら、生徒から教わっているのです。

生徒に「教えてあげているんだ」という気持ちが出た瞬間に、生徒は教師から心が離れていきます。

生徒は輝いています。それに気づくことができたとき、教師の教師は生徒だと感じられるのです。生徒の輝きを見つけられる力があるかどうかです。

こんな方法で、生徒の輝きを見つけます。ノートの表紙に「子どもの光発見ノート」とマジックで書きます。そして、そのノートに「毎日○人以上の生徒の良いところを書くぞ」と心に決め、生徒の素晴らしいところを書いていきます。

これを続けるだけで、生徒の素晴らしさを実感し、生徒から学ぶことが多くあると気がつくのです。

これが、中野流の**「生徒に学ぶマジック」**なのです。

これらのマジックは、保護者がわが子とつながるマジック方法としても使えます。

第2話

生徒同士のココロの架け橋

◇日本一感動的な体育祭

わが校の体育祭では、たくさんのドラマが生まれます。

開催日の数週間前から、各クラスで競技種目の練習が始まります。短い休み時間でも生徒たちはグランドに出て、むかで競走の練習、大縄跳びの練習などに夢中です。もちろん、担任も一緒になって練習をしています。

大縄跳びでは、何度も縄にひっかかりながらも、声を掛け合い、クラスがまとまろうと必死に練習をしています。

何度も練習をして、うまく跳べるようになってくると、「他のクラスと練習試合だ!」と生徒たちは、互いに競い合う場を自分たちで作っていました。

クラスの練習を終えると、今度は体育祭の会場準備が始まります。同時に、体育祭実行委員は開会式、閉会式のアナウンスの練習をしています。何度も何度もアナウンスの練習をしている姿に、三年生にとって中学校生活最後の体育祭だという思いを感じました。

実は、わが校の体育祭実行委員は、クラス推薦でなく、すべて立候補で実行委員になった生徒たちです。そのため多くの生徒が体育祭実行委員として積極的に活動をしています。

いよいよ体育祭当日を迎えました。早朝からそれぞれのクラスがグランドに集まりだしました。むかで競争の足の運びの確認や、大縄跳びのまわし方やかけ声の確認をしているのです。そして、「いくぞ〜」「お〜」「勝つぞ〜」「お〜」と、かけ声を出しているのです。すでに熱気満々です。

綱引きでは、生徒以上に大きな声を出していたのは担任でした。勝って生徒とグランドの真ん中で抱きあう担任と生徒。リレーでも、トラックの中を生徒と一緒に走り回る担任の姿。それぞれの種目に勝って泣き、負けて泣いている生徒と担任の姿を何回も見ました。

そして、閉会式です。すべての競技が終わり、感動した実行委員の生徒が泣きだしてしまいアナウンスが出来なくなっていました。閉会の言葉を言う生徒も朝礼台の上で泣きだしてしまいました。

そのときです。生徒の列から数人の生徒が朝礼台の前に出てきたのです。そして、泣きながら大きな声で、話し始めました。

「今日の体育祭ができたのは、先生方、保護者の皆さん、地域の方々のおかげです。ありがとうございました」

生徒たちは泣いていて声にならない状態でした。会場にいた先生方、保護者の方、地域の方も目を真っ赤にしていました。卒業アルバム用に撮影に来ていたカメラマンの目も真っ赤でした。

閉会式後、全校生徒はその場に座りました。生徒の前に教師が一人立ちました。しばらく沈黙の時間が過ぎました。その教師も目が真っ赤で、涙をこらえ、声がでなかったのです。しばらくして、ゆっくりと生徒に向かって話を始めました。

「私たちは、みんながいなければ仕事が出来ないんだ。みんなありがとう。二年生、来年はみんなの番だ。がんばれるか」と声をかけると、二年生から大きな声で「はい」と返事が返ってきたのです。こんな感動的な体育祭、日本中探してもないと思います。

素晴らしい生徒たち。素晴らしい先生方。日本一素晴らしい体育会をつくってくれてありがとう。

本気でなにかに取り組むと、
感動が生まれる。
そこには大人と子どもの境界線はない。

◇表彰状を受け取るのは誰？

卓球の経験のない私が男女両方の卓球部の顧問になりました。卓球部に入部してくる生徒も新人なのに、顧問の私も新人だったのです。

部員たちの卓球好きに影響を受け、いろいろなところへ合同練習や練習試合に行きました。部員の技術向上のためでもあり、私が卓球のルールや練習方法を教わるためでもありました。

夏の暑い日も、子どもたちは休まず練習を続けていました。夜、行われている社会体育の卓球の練習にも参加し、大人と一緒に一生懸命ボールを打つ部員も出てきました。

なかなか勝てなかった卓球部が練習試合で少しずつ勝てるようになってきました。合同練習や練習試合も、高校生と一緒に行うことも増えてきました。


いよいよ新人戦がやってきました。子どもたちは、どきどきしながら当日を迎えました。個人戦では入賞するほどの大健闘でした。

個人戦とは別の日に団体戦が行われました。団体戦当日、みんなの心が一つになっているということを、試合前の練習から感じました。

大会に出る選手が練習を始めると、その周りに選手以外の部員がついて、飛んできたボールを拾っているのです。ボールを渡すときに「ありがとう」「がんばってね」という言葉が交わされていたのです。

団体戦の試合が始まり、わが校の生徒は徐々に勝ち進んでいきました。新人顧問が新人部員を指導してきた部活動でした。気がつけば、決勝戦にまで勝ち進んでいたのです。

団体戦決勝戦。最後のポイントが決まったとき、勝利の女神は本校の部員たちに微笑みました。学校創立以来、初めての女子団体戦優勝です。

優勝した喜びに、選手はみな涙を流していました。応援していた部員もみんなが集まり、輪になって肩を組み、涙しながら大喜びです。


決勝戦が終わり、表彰式の準備が始まりました。そのとき、顧問の私の周りに選手全員が走り寄ってきました。

「先生、表彰式の時もらう表彰状って、選手でないといけないのですか」と驚くようなことを聞いてきたのです。「選手の分しかないだろうね」

「違うんです。表彰式で賞状をもらいに出るのは、私たち出場選手でなければいけないのですか。私たち、さっき試合に勝って優勝したときうれしかったけど、でも、私たちだけの力で勝ったのではないんです。いつも試合になると、私たちのために、ボールを拾ってくれて、応援してくれている仲間がいたから・・・」というのです。

選手全員が、真剣な目で私を見ていました。

いよいよ表彰式です。「優勝○○中学校」と呼ばれたとき、表彰状をもらいに前に出た部員は、今日の試合に出られなかった二人の部員でした。

表彰状と優勝カップを二人は照れくさそうに受け取りました。その様子を見ていた選手は大きな拍手を送っていました。応援に来ていた先輩たちも、新入部員たちも、みんな大きな拍手を送っていました。

子どもたちは、思いもかけないことを、まったく自然にさりげなく行うものです。大人の想像をはるかに超えた行動をするものです。

大人の心が大きく震えるほどの感動を子どもたちは与えてくれます。

試合に出る選手だけでは勝てないから、
みんなの力を結集して優勝した生徒たち。
大人が思うより子どもはわかっている。

◇動けば変わる、生徒の力

若かった頃、学校に心が向かないほど、指導に苦しんだことがありました。

学校全体の雰囲気が落ち着かなくなり、クラスが乱れ始め、担任や教師が何を言っても生徒たちに対して指導が入らない状態になってしまったのです。

どう声をかければよいのか、どう指導をすればよいのか。指導が入らないだけでなく、指導に対して反抗さえしてくる生徒たち。教室では紙飛行機が飛ばされ、丸められた紙が床に捨てられている状態でした。

荒れている生徒が数人であっても、クラスのムード、学校のムードは悪くなるばかりです。

そんな状況の中、学級で懇談会があり、保護者の方から様々な意見を頂きました。

その中で、ある保護者からこんな質問が出たのです。

「先生、生徒が荒れる原因はなんですか？」

子どもが荒れる、乱れる。その原因はなんだろう。物事には原因があって結果がありま す。だからこそ一般的には対策が立てられます。しかし、絡んだ糸のようになっている子どもたちの心は、子どもたち自身も原因が分からないのが現状です。

荒れている生徒に聞いたことがあります。「お前は何が不満なんだ？」

生徒の答えは、「まじめにしているのが嫌になっただけだよ」でした。

私の想像を超えた答えでした。何かに不満があり、何かにぶつかっていくというだけではないのです。大人の理屈ではない、複雑な子どもたちの心に直面した瞬間でした。

そして、ただ、ただ、子どもたちの心に寄り添い、物事の善悪や人に迷惑をかけないことに気づかせてあげられるかどうか、このことが大切なことに気づきました。

懇談会では、保護者も何かしなければという気持ちを伝えてくれました。懇談会は前向きな意見が出て終わりました。

後日の夕方。外は薄暗くなり、放課後の部活動も終え、生徒が学校からいなくなる時間です。職員室で生徒のノートを見ていると、教室から何かの物音が聞こえてきました。

「ああ、また、何かが教室で起きているのか？」と思い、教室へかけつけました。すべての教室の電気が消えている中で、一つだけ電気がついている教室がありました。それは私の学級でした。

そっと教室を覗くと、教室の中にはクラスの女子生徒が全員いました。驚きました。手に雑巾を持っている生徒、ほうきと塵取りを持っている生徒。そして、新聞紙をちぎって、それで窓を拭いている生徒もいました。机はすべて後ろに寄せられてありました。

教室の入り口に立っている私に気がついた一人の生徒が、「先生、もう少し帰る時間を遅らせていい？　まだ終わらないから、いいでしょ」と声をかけてきました。

「いきなりどうしたんだ？」と尋ねると、「だって、最近、教室が汚いから。きれいな教室のほうがいいでしょ」とさらりと言うのです。

黒板、机、椅子、教卓、みんなできれいに拭いているのです。窓も夜だというのに、ピカピカに輝いて見えました。

その場に立ったままの私に、「先生はもう少し職員室にいて。終わったら声かけるから」と私を職員室に戻すのです。

子どもたちの力、どんなに教師が指導するより、すばらしい力があります。心を動かされたのは私だけではありませんでした。

翌日から、紙くずが落ちなくなったのです。紙飛行機が飛ばなくなったのです。

「ねぇ、きれいにしたんだから汚さないでよ」と男子生徒に言っている女子生徒の言葉に、何もできなかった教師は本当に頭の下がる思いでした。

荒れる原因は大人の理屈ではない。
動き出したのは、クラスの生徒たちだった。
限りない生徒の力で、クラスは生まれ変わった。

◇誰もいなくなった教室

ある日の朝。朝の会へ向かおうと渡り廊下を歩いている私のうしろから、私のクラスの男子生徒が小走りで私を追い越していきました。

その生徒は制服のおなかのところに何かを入れているように、前かがみで走っていきました。

「おはよう」という私の声にも気づかないほどのあわてようでした。

教室へ入ると、どこからか子猫の泣き声がするのです。教室を見渡す私と目が合ったのは先ほどの男子生徒でした。

突然その生徒は立ち上がり、「先生、学校へ来る途中の道端でこんなに痩せている子猫が箱に入れられ、捨てられていたんだ。過ぎ去ろうと思ったけど、この猫が俺のほうを見て泣いているから学校へつれてきちゃった。さっきは、何かを食べさせようと探しに行っていたんだ」というのです。すでに何人かの生徒も子猫のことを知っていました。

必死な思いでいる彼の顔を見てしまうと、「勉強に関係ないから、もとの場所にもどしてきなさい」『子猫が教室にいたら勉強に集中できないだろう。他の場所においてきなさい」とは言えませんでした。

彼にどんな言葉を返してよいか少し迷っていました。そのわずかな沈黙の時間、クラスの生徒たちはじっと私を見て、私の言葉を待っているように感じました。

子猫のよわよわしい小さな声が聞こえたとき、私の思いは決まりました。

「子猫にはかわいそうだけど、授業中は教室の後ろで授業の終わるのを待ってもらおう。休み時間は、みんなで大切に抱いてあげようね」とクラスの生徒に話しました。

生徒の顔がニコニコしていくのがわかりました。

生徒たちのその日の授業は、普段以上に授業に集中している感じがしました。

休み時間になると、ある生徒は器をもらいに、ある生徒は職員室に牛乳をもらいに教室を飛び出していきました。しばらくして、教室を飛び出した生徒たちが器と牛乳を教室に持ってきました。

クラスのみんなが子猫の周りに集まり、早く元気になってほしいと牛乳を器に入れて子猫に与えようとしました。しかし、子猫はなかなか飲もうとしません。

そのとき一人の生徒が自分のハンカチを取り出し、そのハンカチに牛乳を染み込ませ、子猫の口に持っていきました。よわよわしい子猫もやっと牛乳を舐めるようにして、飲み始めました。生徒から歓声があがりました。


午後の授業開始のチャイムが鳴りました。午後の最初の授業は私のクラスの授業です。私が教室に近づくと、教室内はシーンとしているのです。そっとドアを開けると、教室には誰もいないのです。私が教室を間違えたのかと時間割を確認しましたが、間違いなくこのクラスの授業です。生徒の机の上には授業の準備ができていました。

でも、生徒も子猫もいないのです。廊下に出たりグランドを見たりしましたが、生徒はいませんでした。しばらく教室で待ちました。数分後、クラスの生徒たちが、みんな目を真っ赤にして泣きながら教室にもどってきました。

「先生、授業に遅れてごめんなさい」と言いながら、それぞれが自分の席につきました。

察しはつきました。しばらく沈黙が続きました。生徒全員がうつむいています。

ぽつりぽつりと声が聞こえました。

「僕たちであそこにお墓を作ったけどいいよね」「何で死んじゃったのかな」「俺たちでは助けられなかったのか」「かわいそうだよ、捨てられて、死んじゃうなんて」

みんな涙声でした。

そんな言葉が聞こえると、多くの生徒は声を出して泣きだしました。私は何も言葉をかけることができませんでした。


痩せ細った子猫を登校途中に見つけ、そのままにできなかった男子生徒。その子猫をクラスのみんなで助けようと、クラスのみんなが一丸となって一生懸命に動きました。

子猫がクラスの生徒に残したものは大きなものでした。

たった数時間の子猫との出会い。でも、生徒たちは子猫との出会いによって、命の尊さを知ったあの日を一生忘れることはないでしょう。

小さな命と出会い、
命の重みの大きさを学んだ。
子猫がクラスに教えてくれた大切なこと。

◇これっていじめじゃないの？

事件は、男子更衣室で起きました。

ある生徒が更衣室にかばんを置いていたら、そのかばんの一部が切られたのです。かばんは修理をすれば直ります。でも、生徒の心は治ることはありません。

誰が切ったのかはわからぬままクラスの生徒と話をしました。生徒たちとの話し合いは、誰がやったのかと言う犯人捜しになっていきました。

「私が更衣室に入ったときには気がつかなかった」「じゃ、その後じゃないの」「他のクラスかもしれない」「でも、その時間帯は私たちのクラスしか使わないよ」と、生徒たちはかばんが切られたと思われる時間帯を絞っていきました。

そんな話の中で、かばんを切られた生徒は、下を向いたままでした。彼は、以前にも持ち物にいたずらをされたことがありました。

生徒たちの犯人捜しの発言が続く中、ある生徒が「先生！　これっていじめじゃないの？」と発言をしたのです。クラスがざわつきました。

いじめについて、私は生徒たちと今までも何度も話し合ってきました。でも、その話し合いは、資料などを使っての話し合いで、実際に自分たちがかかわった話ではなかったのです。

「このクラスでいじめがあったの？」という小さな声も聞こえてきました。生徒は、すでにいじめという意識で話を始めました。

「なんでこんなことするの」「自分がやられたら、どんな気持ちなの」「何かあるなら、言葉で言えばいいのに」「でも、クラスの誰かがいじめをしたんでしょ」と、様々な思いを話し出しました。

生徒たちは、思い思いのことを口にしましたが、しばらくすると、クラスは静かになりました。生徒たちの話し合いでは解決ができないのです。

しばらくの沈黙の後、普段あまり目立たない女子生徒が手を挙げたのです。そして、立ち上がって小さな声で「私は小学校の頃、いじめにあっていました。辛かったです」と話し始めたのです。

みんなはびっくりしました。今までいじめについて考えた授業でも、何も意見を言わなかった彼女が、自分の辛い過去を話し始めたのです。

「小学校のとき、仲が良かった友だちから・・・。私だけがそう思っていたのかもしれないけど、でも私は親友だと思っていたの。その子が急に私を無視してきて、その子だけでなく他の友だちも私を無視し始めたの。無視される原因が分からなかったよ。辛かったよ。普段から、先生も親も、『何かあったらいつでも何でも話してね』って言うけど、言えないよ。だって、親に心配かけられないもの。誰にも言えなかった。辛かったよ。いじめはダメだよ。いじめのあるクラス、イヤだよ。私、この学校に転校してきて、毎日楽しいんだから。いじめなんかしないで。お願いだから」と、泣きながら、みんなに話したのです。

彼女の話を聞きながら、何人もの生徒が泣いていました。

彼女の涙の訴え以来、クラスが変わりました、いじめや嫌がらせ、悪ふざけがクラスからなくなっただけではありませんでした。

クラスが今まで以上に明るくなっていったのです。そして、クラスメイトのために、進んでいろいろな仕事をし合うようになってきたのです。

彼女の心から出た言葉は、クラスメイトの心を変えたのです。

一人の勇気が、
子どもたちの未来を変える。
言葉一つで、意識は大きく変わる。

◇クラスメイトにもらった大切なもの

中学校である男子生徒の学級担任をしていたときのことです。

入学当初からとても体が大きく、やや動きが遅い生徒がいました。気立てはやさしく、何を言われてもニコニコしている生徒でした。

彼は運動が苦手でしたが部活動は運動部に入り、みんなと一緒に一生懸命に活動をしていました。しかし、一緒の練習ではみんなになかなかついていけず、汗をびっしょりかきすぐに座りこんでしまいます。

彼は入部するときに「僕は運動が苦手だから、運動部に入って少しでも苦手なものをなくしたいんだ」と言っていました。

中学校は、教科担任制なので、自分の担当教科の授業がない時間は、学級事務や教材研究、委員会、担当者同士の会議等が行われます。

担当教科の授業がないといっても、やるべきことはたくさんあります。でも、そんな時間の中でも、できるだけクラスの子どもたちの授業を見るようにしていました。

ある日、クラスの生徒たちの体育の授業がグランドで行われていました。長距離の練習をしているようでした。走る人とタイムを計る人の二つのグループに別れての練習でした。

秋の青空の下、みんなの声援がグランドに響いていました。生徒がどんどんゴールをしていく中で、何周も遅れて走っている一人の生徒がいました。体の大きな彼でした。汗びっしょりで、遠くから見ると歩いているようにさえ見えました。

彼の姿は、誰が見ていようと、何を言われようと、あきらめることなく、一歩一歩ひたすら前に、前に、進もうとしているようでした。

先にゴールをした生徒たちが彼に声援を送ります。その声援の前を彼は通り過ぎ、最後の一周を走り出しました。彼に対する声援はさらに大きくなっていました。

次の瞬間です。一人の生徒が走り出し、彼を追いかけ始めたのです。その生徒に続くように、クラスの生徒全員が彼を追いかけました。そして、彼に追いつくと、彼を中心にみんなが一緒に走り始めたのです。

もう、ゴールには誰もいません。彼の周りを一緒に走っているクラスメイトが「あと、すこしだよ」「もうすぐゴールだよ」「がんばれ！　がんばれ！」と、彼に大きな声をかけながら、走っているのです。

汗びっしょりで走っている彼の頬をつたうのは汗だけでありませんでした。彼は走りながら何度も何度も目を拭いているように見えました。彼の頬には、流れる涙が光って見えるようでした。

彼は、息が上がって、肩で息をしているようにも見えました。クラスメイトの温かさに、さらに涙が止まらずに流れているようでした。泣くあまり呼吸がさらに苦しくなります。それでも彼は、前に前に・・・と進んでいました。

ついにクラスメイト全員とゴールしました。ゴールと同時に、彼はすわりこんでしまいました。彼のゴールはクラスの生徒全員のゴールでした。

遠くからその光景を見ていた私は、胸が痛くなるほど震え、目頭が熱くなっていくのがわかりました。私も涙が頬を流れる前にそっとハンカチでふき取りました。

子どもたちは、大人が予期せぬことを当たり前のように、そして、自然に行うことがあります。その思いがけない言動に大人は大きな感動をもらい、心が震えます。


彼は、学年が進むにつれ運動が苦手というコンプレックスを克服し、クラスだけでなく、全校生徒からも信頼を得るようになっていきました。誰に対しても優しく、何事にもひたむきに努力する彼の姿が、多くの生徒からの信頼を得たのだと思います。

最上級生になった彼は、生徒会長として推薦されました。生徒会長となった彼は学校を動かす素晴らしい活動をしていきました。

彼は、あのクラスメイトに揺るがない友情と自信をもらって大きく変わったのです。


苦手なことを克服する。

傍から見たら小さなこと。

本人にとっては人生が変わる大きな出来事。

◇子どもたちによる学校の伝統づくり

新学期が始まります。入学式の準備が在校生によって行われます。

在校生が体育館に集まり、学年・学級ごとに準備の分担場所が指示され、一斉に準備に取りかかります。在校生の間には、新入生を迎える気持ちが高まってきます。今まで後輩のいなかった学年では、その気持ちはより強いようです。

体育館に紅白の幕を張り、校門から生徒昇降口にかけて新入生が通る場所には、花が植えられたプランターを並べました。在校生みんなで新入生が登校してくるところを一生懸命にきれいに掃いていました。

作業している在校生の話題は、新入生の話です。「新入生は何部に入るかな？」「うちの部には何人、入部してくれるかな？」「〇〇君の妹が入学するよ」「誰と一緒に登校するのかな？」など、いろいろな話をしています。その話し声や顔の表情を見ると、気持ちが高ぶっているように感じました。

入学式のすべての準備が終えると、在校生が体育館に集合し、自分たちで準備した入学式の会場を見渡しています。


在校生は入学式の準備を終え下校となったはずでしたが、数名の生徒が職員室に来たのです。そして、職員室にいる先生に「新入生の教室の黒板にメッセージを書いていいですか?」と相談しているのです。

もう外がうす暗くなった頃に教室を回りました。誰もいない新入生の教室をのぞいて驚きました。

教室の入り口には、折り紙を短冊に切り、リングを作り、それをつなぎ合わせたもので、飾り付けがしてあるのです。そして、教室に入ると、黒板いっぱいに新入生へのメッセージが色チョークを使い書かれてあるのです。

新入生たちが第一歩を踏み入れる教室を、在校生が何時間もかけてきれいに飾りつけしていたのです。

三月に卒業生を送り出しました。そのとき、一年生と二年生が卒業式の前日に、卒業生の教室の黒板いっぱいに卒業祝いのメッセージを書いていたのです。学校生活最後の一日、その教室に入った瞬間、在校生が書いたメッセージを卒業生が目にしたのです。そして、卒業生は在校生が書いたメッセージに返事を書きました。そして、さらに、在校生の教室へ行き黒板にお礼のメッセージを書いて卒業していきました。

卒業式から一か月が過ぎた四月。今度は、それぞれの学年が進級し、新三年生と新二年生が、黒板いっぱいに書いたメッセージで新入生を迎え入れたのです。

送り出す生徒たち、迎え入れる生徒たち、それぞれの思いが、それぞれの教室の黒板に書かれたメッセージの中にありました。

子供たちは、自分の思いを持って行動しました。「していただいた」ことを「してかえして」いったのです。

お世話になった先輩に、これから一緒に学校生活を送る後輩に、思いをメッセージで伝えていったのです。

よき伝統こそ、心を乗せて永遠とつながっていきます。

子どもたちの世界は、
子どもたちにしかわからないこともある。
大人たちは黙って見守ってあげたい。

◇消し忘れの録音テープに残った本音

秋になると合唱コンクールを行う学校がたくさんあります。

各学級では、どんな曲を歌うかをいろいろな曲を聞きながらクラスで話し合います。全員一致で曲が決まることはなかなかありません。それぞれが歌いたい曲のよさをクラスメイトに主張しながら話し合います。

曲が決まるまで時間がかかります。それぞれが話し合いながら、どこで折り合いをつけるかになってきます。合唱コンクールへ向けてのスタートです。

何度も話し合い、クラスで歌う歌が決まりました。曲が決まれば、練習です。クラス全員で、曲の歌詞をゆっくり読み、イメージをつかんでいきます。

次に、パートリーダーを決め、クラスが三つのパートにわかれ、パートリーダーを中心に、練習を始めました。毎日、朝の会・帰りの会と練習を繰り返しました。

大変なのは伴奏者と指揮者です。それぞれのパートを回って、伴奏や指揮をしていくのです。一つのパートで伴奏や指揮をすると、他のパートには伴奏者や指揮者がいません。

放課後、「先生、空のカセットテープ三本ありますか?」と伴奏役の生徒が私に声をかけてきました。「カセットテープをどうするんだ?」と聞くと、「パートごとに音を入れてきたいんです」と言う、その口調は真剣で、クラス合唱への強い思いを感じました。

突然のことだったので私は、「上から録音をしてもいいから、これを使って」と音楽の入っているカセットテープを彼女に渡しました。

翌朝、彼女は「先生、録音が終えたので、これでパート練習をしていいですか」と三本のカセットテープを職員室へ持ってきました。彼女は自宅でピアノを弾き、一晩でカセットテープに録音をしてきてくれたのです。

彼女からカセットテープを受け取りながら「放課後の練習でこのカセットテープを使おうな」と声をかけました。

私は、担当教科の授業がない時間に、職員室でイヤフォンをつけて、そのカセットテープを聴いてみました。伴奏のうまい彼女なら、あっという間に三つのパートを録音したのだろうと思っていたのですが、そのカセットテープから流れてきた音を聞き、驚きました。

そのカセットテープにはピアノの音だけでなく、彼女の言葉も入っていたのです。

カセットテープに入っていた彼女の声は、独り言のようでした。彼女は自分の言葉が入っているとは思わないまま、私にカセットテープを渡したのでしょう。

「もうこんな時間だ」「何でうまくいかないの」「あ〜、もう！」など、彼女の嘆きに近い声がいくつも入っていたのです。

ショックでした。伴奏の録音など簡単だと思っていた私は、彼女に申し訳ない気持ちでいっぱいでした。きっと夜遅くまで録音し、自分の声が入っていることも忘れ、私にカセットテープを手渡したのでしょう。クラスメイトも録音は簡単にできるものだと思っていたと思います。

私は黙って、放課後までに彼女の声が入っていた部分を消しました。そして、何もなかったようにカセットテープを使い、パート練習が始まりました。

彼女は、自分の苦労を誰にも話しませんでした。合唱コンクールでクラスは優勝しました。その結果が出たとき初めて彼女の苦労をクラスメイトに話しました。

「ワーッ！」と、クラスメイトは彼女に駆け寄りました。彼女は恥ずかしそうに、でも、ちょっぴり嬉しそうに受け入れていました。

クラスのために苦労をいとわない。そんな一人の力がクラスをまとめたのです。

自然とまとまるクラスは少ない。
陰で支える誰かがいる。
そんな影を光にしてあげたい。

◇クラスを成長させるきっかけ

私の住む地域では、学校の体育祭は五月が多いようです。

四月の入学式で新しい学級が生まれ、そこに新しい仲間が集まります。四月、五月は学級作りの大切な時期なのです。その学級づくりと同時に体育祭の練習が始まります。当然、体育祭の種目も、学級全員の協力を大切にするものが多くあります。

特に団体競技は学級作りに大切な競技の一つです。

例えばむかで競争。最初はなかなか足が合わず、ゆっくり歩いても、足がひっかかり転んでしまっていた生徒たちが、練習をかさねるにつれてトラックを走って進むようになるのです。

大縄跳びもそうです。大きな縄を回し、その縄をクラス全員で跳ぶのです。一回も跳べずにいたクラスが、毎日休み時間に練習をしていくと、何十回と跳べるようになるのです。クラス全員の心が一つになっていく。四月に生まれた学級は、どんどん成長をしていきます。

でも、必ずうまくいくとは限りません。心を合わせようとすればするほど、イライラしてしまいトラブルも起きます。そんな状態の時、三年生のあるクラスで男子生徒が練習中に捻挫をしてしまったのです。体育祭本番まであと三日というときです。

クラスメイトは駆け寄りました。彼は保健室に行き足首を冷やしました。

彼は翌日からの練習には参加できませんでした。彼はそれから毎日グランドのわきに座り、大きな声でクラスメイトに声援を送っていました。

体育祭当日、一番に学校へ来たのは彼でした。彼はまだ足が治っておらずすべての競技に参加できませんでした。それでも、誰よりも早く学校へ来て、クラスの優勝を願い、応援グッズを用意したのです。

午前中の競技が終えた時点で彼のいるクラスは二位でした。すると、昼休みになると彼のクラスメイトは、怪我をした彼を中心にグランド脇に集まりました。そして、クラスのメンバー全員が肩を組み、円陣を作ってお互いに気合を入れるように大きな声を出し合いました。

「いくぞ！」「お！」「優勝するぞ！」「お！」と。この円陣の中心にいたのは片足で立っていた彼でした。

午後の部のすべての種目が終え閉会式です。記録係りの生徒が結果発表をします。「第三位　○組」「第二位　○組」、そして「第一位・・・」、少しの沈黙の後、「○組」と放送されると、彼のクラスから大きな歓声があがりました。

彼のクラスが優勝したのです。そして表彰式が始まりました。表彰状を渡すとき、クラスの列の一番後ろからクラスメイトにおんぶされて出てきたのは彼でした。「先生、彼に賞状を渡して」とクラスメイトが言うのです。そっとクラスメイトの背中から手を出した彼に、しっかりと優勝の賞状を渡しました。

クラスは成長するのです。仲間の強いつながりで成長をしていくのです。大人が想像する以上に大きく、大きく成長をしていくのです。

「体育祭を終えて、勝負の結果は出ました。そして、これで体育祭が終わります。でも、体育祭が終えても残るものがあります。それは、すべての生徒がこの日まで真剣に頑張ったという事実です。この事実は消えることはありません」
閉会式で話をしているとき、彼の目から涙が流れているのが分かりました。

怪我をしてもやれることを全力でやった彼。
そんな彼にクラスは全力で答えた。
一人の熱意がクラスを一丸とさせた。

◇降り遅れた彼がやっていたこと

中学校の修学旅行シーズンも、終わりになってきた頃です。

修学旅行は、生徒にとって中学校生活の中でも大きな思い出となるものです。二泊三日の関西方面の修学旅行。この三日間のためにたくさんの時間をかけて、各学級では準備をしていきます。

班別でまわる見学地のコースやクラスごとに見学する場所を決めていきます。新幹線やバスの座席もクラスで決めていきます。出発前に自分たちで自分たちのためのガイドブックを作るところもあります。

修学旅行中の約束事なども生徒たちが話し合い、決めていきます。生徒自身の手による修学旅行にするために時間をかけ作り上げていくのです。

修学旅行の前日には、全生徒を集め事前指導が行われます。生徒の司会で最終確認をしていきます。

私もその場に呼ばれ話す機会を頂きました。そこでこんな話をしました。

「旅には三つの楽しみがあります。一つ目は出発前の楽しみ、二つ目は旅先での楽しみ、三つ目は帰ってきてからの楽しみです。今日は、二つ目の旅先での楽しみが増える方法を話します。それは、旅先で出会ったすべての方に感謝をすることです。ホテルに入るとき、大きな声で『お世話になります』と、帰るときは『お世話になりました』と。また、バスやタクシーに乗った時、運転手さんに声に出して、感謝の言葉を伝えてみましょう。人間は感謝の言葉を声に出すことによって、どんどん心が優しくなっていくものです」

修学旅行の二日目は、ジャンボタクシーを借りて生徒たちは班別に京都市内を観光しました。生徒が計画した見学地へ先に行っていると、どこの班も男女仲良く、また運転手さんと楽しそうに話しながら見学をしていました。

二日目の日程が終わりに近づき、ジャンボタクシーがホテルに帰ってきました。とても楽しそうに充実した顔をして降りてくる生徒たち。

その生徒たちが、運転手さんに声をかけているのです。大きな声で「ありがとうございました」、そして、何かを渡しているのです。よく見ると、お土産を買おうと持ってきた自分たちのお小遣いを出し合って、買ったと思われるお礼の品を運転手さんに渡しているのです。

京都の運転手さんに、京都で買った品を渡しているのですが、運転さんは戸惑いながらも「これ、もらっていいの？」とうれしそうな顔で生徒に声を返していました。

クラス別に乗っていたバスから降りるとき、一人の男子生徒がなかなか降りてこないのです。頭を下げて、椅子の下をのぞいているのです。何か落としたのかと近づくと、彼は、車内のごみを拾っていたのです。

袋に入れられたごみを持ちながら、クラスの誰が落としたかわからないゴミですが、それをすべて一人で拾い集めていたのです。

そして、バスから一番最後に降り、運転手さんに「お世話になりました。ありがとうございます」と声をかけ、バスから降りてきたのです。

そんな彼のバスでの行動をクラスメイトは誰も知りません。彼はバスから遅れて降りたので、同じ班の仲間に「遅くなってごめん」とだけ伝えたのですから。

誰に言われることなく、
みんなのために行動した彼。
誰かの想いがクラスを支えている。

◇クラスの祝いはみんなの祝い～ビデオレター作戦～

ある日、夕飯後に私の携帯電話がなりました。携帯電話の画面には、教え子の名前が出ていました。中学校を卒業したときに、私に携帯番号を教え、そのときから彼は番号を変えていなかったのです。

「先生！　ひさしぶり。今、電話大丈夫ですか？」と彼は元気な声で話し始めました。

「○○が今度結婚するんだ。それで中学校の時のクラスメイトみんなでビデオレターを作るんだけど、先生も参加してくれるかな」というのです。

すでに二十代後半になっている教え子たちです。結婚する教え子の顔と思い出が蘇ってきました

まだ初々しい中学校一年生の家庭訪問のときの会話です。中学校二年生になり思春期を向かえ、大人や教師への反抗を必死でしていたときの彼。「あの先生と話したいんです。

話し合いの場を作ってください！」と真剣に私に言い寄ってきたときの彼の顔。卒業式のとき、号泣をしていた彼の姿。次々と彼の三年間の姿が鮮明に浮かんできました。

彼らクラスメイトは、中学校を卒業してからもずっとつながっていました。「先生、土曜日にみんなが集まってバーベキューをするんだ」「来週はみんなで○○の就職祝いをするんだ」と。

中学校を卒業して、それぞれ違う学校へ進学しても、みんなが集まっては、中学校の卒業式のビデオや写真を見ていたといいます。

卒業したときの学級教室で、卒業当時の席に座り、ほぼ全員が集まったクラス会を行ったり、成人式の晩みんなで飲もうと集まりました。毎回大変盛り上がった会になり、終電も忘れ、私も一緒に思いっきり飲んだことがありました。

中学時代、お互いの思いが通じず本気で喧嘩をしていた仲間たちでもありました。それでも、中学校時代の仲間は、強く、強くつながっていました。

彼らは、今度結婚をする友だちのために何ができるかを考えたのだと思います。全員が友だちの結婚式の場にいられる方法として、ビデオレターを考えたのです。

「先生の家まで行くから、撮影させてください」という彼の言葉に、「どうせ撮るなら、バックの景色は、中学校の校舎を入れようよ」という私の提案を受け入れ、彼らの三年間の思い出の学び舎をバックに撮影となりました。


思いは行動になります。行動は絆を深くします。

自分のことより、友のためにできることを必死で考え、クラスメイトみんなが一人の仲間のために集まり、祝福をしようという彼らの姿勢に、熱い思いを感じました。

> 仲間のためにできることをしたい。
> 想いで行動を重ねるうちに、
> いつしか強い絆でつながっていた。

☆相手の心をつかむ【中野マジック2】生徒と生徒編

1　生徒を育てるマジック

まずはクラスの生徒をよく見ることです。そして、担任はでしゃばらないことです。

クラスで問題が起きたとき、担任はあわてて問題を解決しようとしがちですが、あわてなくても大丈夫なんです。

人間の体に自分の体を治そうとする力（治癒力）があるのと同じで、クラスの生徒も問題を解決しようとする力（自治力）があるのです。

担任が問題を解決しようとするのではなく、担任は問題を解決しようとしている生徒の力になることです。

ちょっと背中を押すだけで、生徒はクラスで起きた問題を自分たちの問題として考え、解決しようとするのです。

それほどの力を生徒は持っているのです。

これが中野流の**「生徒を育てるマジック」**なのです。

2　仲間を作るマジック

生徒は「たくさんの友だちが欲しい」と思っています。それなのに、友だち作りがうまくない生徒が多くいます。

担任は、意図的に仲間づくりをさりげなく行っていくのです。体育祭などの行事で、係り活動をしている生徒を一人ひとり認め、応援していくことです。声をかけるだけで、生徒は安心します。

もう一つ。それは、クラスで目立たない生徒、クラスメイトが気づいていないけれど、頑張っている生徒などを、見逃さず、声をかけていくことです。

そして、学級通信や三者面談で本人の前で伝えるのです。本人は照れ臭そうですが、自信と喜びにつながります。

すべての子どもをしっかりと見る。そして、認め、誉め、伝えていく。

これが中野流の**「仲間を作るマジック」**です

3　生徒の手による学級づくりマジック

生徒の発想力はすごいです。自分たちで、学級を創り上げる力を持っています。朝・帰りの会は完全に生徒たちの時間です。担任は最後に一言でいいのです。

ある日の帰りの会で司会の班は、各班に新聞紙を一枚配り「今から、一分間でその新聞紙の中に何人の人の名前が書かれているかを探します。よ〜い、どん」というゲームを提案しました。その一分間で班がまとまり、クラスがまとまっていきました。

担任は、生徒の持っている力を引き出せばいいのです。ふと、つぶやくように、生徒にヒントを与え、それを生徒が実行していくのです。前に出るのは担任ではなく、生徒たちなのです。

これが中野流の**「生徒の力による学級づくりマジック」**なのです。

第3話

生徒と親、教師のココロの架け橋

◇元気になるために手術をしてくるからね

ある日、一人の生徒が学校を休みだしました。

足に痛みがあるからと、町の病院に行ったのです。そこで診察をしたところ、すぐに大きな病院を勧められました。そして数日後、大きな病院で検査を受けました。その間、彼はしばらく学校を休みました。

数日後に彼の父親が学校へ来ました。その日は曇り空でしたが、父親はサングラスをかけていたのです。

応接室で父親と話をしました。応接室でも父親はサングラスを外そうとはしませんでした。父親の言葉に驚きました。「息子の痛みの原因は、悪性の腫瘍でした」と言うのです。

その場の空気は一変し、時間が止まりました。私は返す言葉がありませんでした。父親は話を続けました。

「最初の病院で腫瘍の疑いがあると言われたとき、この医者は何を言っているんだと思ったんです。だって、小学校からずっとサッカーのレギュラーで、試合にもずっと出てきた息子ですよ。怪我はしても病気などしたことがない息子ですよ。その息子の足の痛みの原因が腫瘍だと言うんです。そんなこと、信じられますか」

少し、時間をおいて父親は話を続けました。「大きな病院に紹介状を書いてもらって、その病院でいろいろ検査をしたら、やはり腫瘍があると言われたんです。信じられない、そんなの信じられない。そんなこと信じないですよ。今まで元気だった息子ですよ。信じろって言っても無理です」


なかなか外さないサングラスが気になって「そのサングラスは？」と父親に尋ねると、

「先生、恥ずかしいんですが、俺、息子の病名が信じられずに、毎日涙が止まらず、目が腫れてしまい、それでも涙が止まらないんです。腫れた目を隠すためにサングラスをしているんです。息子の方がもっと苦しいのに、情けないです。息子、冷静に医者の話を聞いていたんですよ。そして、サッカーはまたできるのですかと医者に聞いているんですよ。生きてほしいんですよ、息子には」と言いながら、父親はうつむき涙を流すのです。

彼は大きな病院でさらに詳しい検査をし、手術のために専門の病院へ行くことになります。

「手術するよ。でもその前に、一回、学校へ行きたい」と、彼は父親に頼みました。

そして、彼は手術の数日前に学校へ両親と一緒に登校しました。彼は、自分の病気のことをみんなに伝えたかったのです。

体育館に彼と同じ学年の生徒が集まりました。学年の生徒の前に立って、彼は自分の病気のことを話し始めたのです。

医者から聞いた自分の病気のことをすべて、みんなに話したのです。そして、これから手術のために、また違う病院に入院することも。しばらくはみんなと連絡もできないということも。体育館はしーんとしました。そして、涙を流す生徒もいました。

そんなみんなに、彼はこう言いました。

「大丈夫だから。元気になるために手術をするんだから。みんな待っていて」

学年のみんなに自分の思いを伝えた後、彼は家に戻るため、学校の玄関に両親と向かいました。彼は学校の玄関を出るとき、立ち止まり、そして振り向いて、見送りに来た先生方に言うのです。「先生、行って来るね。また帰ってくるから」

泣いてはいけない、泣いてはいけないと思いながらも、彼の言葉に両親も先生方も涙があふれてきました。本当は、一番不安で辛いのは彼なのです。でも、彼は自分以上にみんなに、特に、サングラスをずっとかけっぱなしの父親を気づかったのです。

まだ中学生、でも彼は、こんなにも周りの大人に、周りの仲間に気を遣い、勇気を与えているのです。彼の後姿を見ながら、大丈夫、大丈夫と心の中で願いました。

一番、辛い時、
人はまわりに気を遣い勇気を振りまく。
大丈夫、勇気ある人なら困難を乗り越えてくれる。

◇俺がお年玉をあげる立場になるから

二十四歳になる青年が来春、大学院を卒業し社会人になります。

彼の妹は、四年制の大学を来春卒業し、兄と同じに社会人になります。

父親は、彼が大学に入学したとき、自分の部屋に彼を呼び一つの封筒を渡しました。その中には一万円札が数枚。父親はひと言「必要になったらこれを使いなさい」と彼に伝えました。

妹にも大学入学時に、同じように一万円札を数枚入れて、父親は渡しました。

二人は、大学へ行くために家から離れたところでそれぞれが生活を始めました。

あるとき、妹がお金が必要になって、父親からもらった封筒を開けようとし、兄に相談をしました。

しかし、兄は妹に、「そのお金は、卒業するまで使ったらダメ。普通のお金じゃないんだ。親父の『しっかり学生生活を送れよ』っていう思いがあるお金なんだ。それを使っちゃうと、何かが途切れる感じがするんだ。だから卒業するまでは使ったらダメだよ」と言いました。

妹は、兄の言葉に何かを感じ、その封筒の封を開けずに、かばんにしまいました。

彼は、大学に入学してから、毎年親にプレゼントをしていました。妹が大学に入学した時からは二人で相談をし、プレゼントを送っていました。

一人暮らしで、食費もかかるはずなのに、彼は二つのアルバイトをかけ持ちして、お金を貯めては、毎年自宅にいる親のところにプレゼントを送っていたのです。

職場で使えるようにと卓上扇風機を。肩が凝っているのではと低周波治療器を。乾燥する頃には「職場で使って」とメッセージ入りでポータブルの加湿器を送ってきたのです。

今年の秋、彼が自宅に帰って来たときに、父親にお年玉のことを話し出したのです。

「俺、小学校の頃からのお年玉の袋を取ってあるんだ。これ、大学を卒業するとき、全部返すね」といきなり話し出したのです。

父親は、いきなり何の話をするのかと驚いていると、彼は「来年の四月からは、俺がお年玉をあげる立場になるから」と笑いながら言うのです。

父親は言葉を失いました。そして目に溜まった涙が分からないように、そっとその場から離れました。

この兄妹は高校合格の時、親に言われました。

「『合格おめでとう』と言いたいけど、そうじゃないよね。『高校へ行かせていただき、ありがとう』というのが本当かもね」

妹は、友だちが家族で高校合格のお祝いをしているということを聞きながらも、高校合格の日、家族の夕飯を作り、家族みんなに「ありがとう」と言っていたのです。

そしてその夕飯は、家族の思いがいっぱいの時間になりました。妹が作った料理を囲み、中学時代のこと、そして高校でどんな生活をしたいのか。親の高校時代の話もしたのです。時間が過ぎるのも忘れ、家族だんらんの時間になったのです。

来春、社会人になる二人です。様々なことを学び、親への感謝を感じながら、社会人の一員になります。誰に対しても、感謝ということを大切に、そして、人の思いを感じながら成長をしてほしいと思います。

親は子の教科書。
意識をせずとも、
その心は受け継がれる。

◇なぜ、お父さんにそのことを言わないの？

具体的に進路先を決めていく中学校三年生の二学期のある晩。私が担任をしている男子生徒の保護者から、私の自宅に「進路のことで相談をしたいのですが、明日、学校へ伺ってもよろしいですか?」と電話が入りました。

翌朝、朝の会で彼は元気がありませんでした。彼にそっと声をかけました。「昨晩、親と進路の話をしたの?」と。彼はひと言「もういいんだ。決まったから」と言うだけです。「放課後、お母さんが来るから一緒に話そう」と声をかけたのですが、彼はうつむいたままでした。


その日一日、彼は元気がありませんでした。授業中も休み時間も一人でボーっと考えているのです。帰りの会が終わり、彼に声をかけました。「相談室で待っていて。もうすぐおかあさんも来ると思うから」

しばらくして彼の母親が来ました。相談室で彼と母親と私の三人で話をはじめました。母親が話し始めました。「この子は父親と進路先の相談ができないのです」するとその母親の話をさえぎるように彼が「もう決めたって言ったじゃん!」と大きな声で言うのです。「でも、本当にそれでいいの?」と母親は息子に言葉をかけました。

以前、彼の腕にひっかいたような傷跡が残っていました。

それに気づいたとき、彼にたずねたことがあります。彼は「自分でやっちゃった」と明るく答えました。
その後もまた傷跡が。今度は彼の頬が赤くなっているのに気づきました。彼に聞くと前回と同じように「自分でやっちゃった」とさらっと言うのです。不思議に思い、彼に問い詰めると、彼はポツリポツリと話し始めました。

実は、彼は自分の心が整理できなくなると、部屋に閉じこもって自傷行為をしていたのでした。母親と彼と話をしながら、そっと彼の腕を見ました。まだ新しい傷がそこにはありました。

母親の話では、進路先について父親は、「どうしても公立高校へ行ってほしい。いや公立高校でないと受験させない」と言っているというのです。でも彼には、どうしても行きたい私立高校があったのです。彼はそれを口に出せなかったのです。それで昨晩も言い出せず自分の部屋に閉じこもったというのです。

「先生の前だから、ちゃんと自分の気持ちを言ってごらん」と母親は彼に話しかけるのです。下を向いていた彼がやっと自分の言葉で、自分の進路について話し出しました。

「俺、A高校のB科に行きたい。ずっと前からそう思っていた」と小さな声だが、しっかりとした口調で話しました。

彼に「どうしてそこに行きたいんだ」と尋ねると、彼はとてもよくその高校を調べていました。実際にその高校へ行き、取得できる資格を調べ、自分の将来の職業までも考えていたのです。

「なぜ、お父さんにそのことを言わないの？」という私の言葉に、彼は「だって親父は頑固だから、いったんダメといったら絶対ダメなんだ。俺が小さい頃からずっとそうだった。それに、お金が公立高校より少し余計にかかるし・・・」と彼は涙声で話しました。

涙を流しながら話す彼の一生懸命な姿を見て、母親が何かを決断した感じがしました。そして、すこしの沈黙の後、彼に声をかけたのです。

「A高校を受験しなさい。お母さんからもお父さんに話すよ。お金のことは気にしないでいいよ。お母さんも働くから、だからあんたもがんばって。あんたはA高校を受験しなさい」と、母親は泣きながら我が子の肩を抱きしめしたのです。

「今まで家族のことを考え、幼い弟のことを考え、自分の事を一番後回しにして考えてきたんだろう。いいんだよ。わがまま言って。もういいんだよ。思いっきりわがまま言って」と彼に声をかけるのが私には精一杯でした。

母親は彼の手を握り「一緒にがんばるから」と彼に声をかけました。彼はポタポタと涙を落としながら大きくうなずきました。彼の進路決定は受験高校を決めるだけではなかったのです。父親からの巣立ちでもあったのです。

彼は希望していたA高校に合格しました。そして、入学式の日、彼は新入生代表として挨拶をしました。彼の入学式、そこには母親と一緒に父親の姿もあったそうです。

親の価値観を尊重するため、
子は心や身体を傷つける。
子を幸せにするのが親の願いなのに。

◇周りがなんと言おうと、息子の親なのです

放課後の部活動が終わり、職員室で学級の仕事をしている時でした。外はもう真っ暗。職員室は数人の職員だけでした。

突然、職員室の電話がなりました。電話の近くにいた私が受話器を取ると、声でわかったようで、「あ、中野先生ですね。〇〇の親ですが、息子が、今、家で暴れて・・・」とあわてた声で話し出したのです。その声は私のクラスのよく知った保護者の声でした。

彼の家で何が起きているのか分かりませんでしたが、「今、伺います」とだけ告げて、電話を切り、彼の家に急いで向かいました。

彼はここ数日間、学校をサボりはじめ、親に対して反抗的な態度をとるようになっていました。朝の会が終わり、クラスの生徒に「ちょっと出かけてくる」といって、私は何度

か彼の家に行きました。彼の部屋に入り、ベッドで寝ている彼の布団をいきなりはがし、「朝だぞ!」と彼に声をかけます。寝ぼけながら返事をする彼を起こし、しばらく彼の部屋で話をし、「学校で待っているから、来いよ」と伝え、彼の家を後にしていました。

そんな生活が続いている時に、彼が家で暴れたのです。

彼はいろいろと問題を起こし、地域でも目立ち始めていました。何度も家庭訪問をし、保護者とも話をしてきました。

ある時、父親が「息子は、みんなに迷惑をかけています。『親がだらしない』とか、『もっと親が厳しくしないからだ』とか、いろいろな声が入ってきます。一時はこの地域を歩くことも辛かったです。でも、私は息子の親です。周りがなんと言おうと、息子の親なのです。しっかり歩いていかなければ・・・」と、つぶやくように話されました。

どんなことがあっても、親として我が子を見守りながらも、毅然とした態度で接しようという思いが伝わってきました。

駆けつけた彼の家の玄関に入ると、家の奥から彼の大きな声が聞こえてきました。

すぐに家にあがり、声のするほうに行くと、体の大きな彼と取っ組み合っている父親の毅然とした姿がありました。

彼の目は涙でいっぱいでした。私は興奮している彼の手をとり、玄関までひっぱって連れてきました。

「息子さんと少し話をさせてください」と、両親に伝え、彼を連れて外に出て、私の車に乗せようと考えました。彼は素直に私の車に乗りました。その素直さに、彼は誰かに止めてほしかったのだと感じました。

彼と夜のドライブです。彼は、助手席でずっと黙って下を向いたままです。彼の足元を見ると、涙がポタポタと落ちているのが、運転している私にもわかるほどでした。

しばらく車で走りました。運転しながら「おい、どうする？」という私の言葉に、彼は「うん」と小さな声でうなずきました。

親とのトラブルの原因など私にも彼にも、どうでも良かったのです。彼の涙は、自分が親に手を出したことに対して、自分を責めている涙なのです。

「帰ろうか？」『うん』『あやまれるか？』『うん』こんな会話だけで彼を家まで送りました。

玄関には、彼を迎えるように両親が立っていました。彼は小さな声で「ごめん」と父親に言いました。

両親は安堵《あんど》した顔でしたが、「声が小さいよ～」と、おどけて私が彼に声をかけると、彼は照れ笑いをしながら大きな声で「おやじ、ごめん」と言い、そのまま恥ずかしそうに自分の部屋に走り込みました。

彼が成人してから、ときどき彼と同じ学年の生徒と一緒にお酒を飲んでいます。

ある日、彼が飲みながら同級生に父親のことを話しているのです。いろいろなことで悩んでいる同級生にこう言いました。

「親父に何でも話をしてみろよ。意外と親父って頼りになるぜ。俺は今、親父が一番頼れるよ」

時にはぶつかり合う日も来る。
大事なのは、
大人が優しく迎えてあげることだ。

◇こいつにけじめをつけさせるんです

放課後、地域の方から学校に電話が入りました。「おたくの生徒らしい子が、タバコを吸っています」

何人かの教職員でその場に駆けつけると、私のクラスの男子生徒が二人いました。タバコは吸ってはいませんでしたが、一人は以前、喫煙で指導した生徒でした。彼らの慌てぶりから「もしかして・・・」と思いました。

「何をしていた?」と尋ねても何も答えません。「タバコを吸っていたのか?」と問いかけると、興奮しながら「どこに証拠があるんだ!」と、はき捨てるように言うのです。

何人もの教師がいるから興奮をしているのだろうと思い、その場から二人を連れて学校へ戻り、広い会議室で話を聞きました。何を聞いても彼らは話さず、沈黙の時間だけが流れました。

「本当のことを言っていいんだ。本当のことを言わないままでいると、いつまでも、心がすっきりしないぞ」と静かな口調で彼らに語りかけました。二人は、少し落ち着き、ぽつりぽつりと話し始めました。

一人の生徒が小さな声で「俺、タバコを少し吸った」とつぶやくように話しました。たばこを吸った理由など聞きませんでした。これからをどうするかを、彼らと話をしました。

悪いことをしたが、そのことを自分から素直に話してくれたことはうれしかったのですが、保護者にも伝えておかなければと思い、「今夜、家庭訪問するから、先生が行く前に自分から親に話しておくんだぞ」と、伝えました。


父親が帰っているだろうと思う時間に、彼の家を訪ねました。家の中は真っ暗です。玄関から大きな声をかけると、彼の妹が出てきました。

「お父さんはまだ仕事?」と尋ねると「お兄ちゃんと一緒に床屋に行った」と言うのです。すでに床屋は閉まっている時間なのに、どうしてこんな時間に床屋に行ったのだろうか、と不思議に思いながら、妹に床屋の場所を教えてもらい、その床屋に行きました。

やはり床屋は外の明かりも消えていて、カーテンが閉まっていましたが、店の奥からは明かりがもれていました。

そっと床屋のドアを開けると、彼が椅子に座り床屋さんに髪を切られる瞬間でした。彼の横には、父親がじっと彼を見て立っていました。私はその光景に驚き、挨拶もせず、いきなり「どうしたのですか?」と父親に声をかけました。

振り向いた父親の目は涙でいっぱいでした。「こいつにけじめをつけさせるんです」と、静かな口調の中に強い決意を感じました。

「先生、こいつ二度目ですよ。あれだけ約束したにもかかわらず」といいながら、彼を見つめているのです。そして「先生、これは、俺と息子との約束です」と話を続けました。彼は、何も話さず、あふれる涙を拭きもせず、鏡に映っている自分の顔をじっと見ているだけでした。

床屋さんが彼に「いいの? 切るよ?」と声をかけました。小さな声で「うん」とうなずく彼の頬から涙が落ちました。

電気バリカンの音が、部屋いっぱいに響きました。彼の髪はどんどん短くなっていきました。わずかな時間で短髪になった彼は、なぜかさわやかに感じました。彼の頬には、流れた涙の跡だけが残っていました。父親は我が子に「これで生まれ変われ、これで生まれ変わるんだぞ」と涙声で彼に伝えているのです。

それから十年以上が過ぎました。彼は社会人になっていました。

偶然デパートで彼に会いました。「先生、久しぶり。俺のこと覚えてる?」と元気に声をかけてきました。「忘れるはずないだろう」と彼に言葉を返しました。彼の隣には女の子がいました。

その女の子と目が合うと、彼は「先生、俺の彼女だよ」とその女の子を私に紹介してくれました。「〇〇の担任の先生ですか? 中学校のころ、本当に迷惑をかけたと聞いています。お父さんにも迷惑かけたから、親孝行したいって、彼ったらよく話すんですよ。本当に、悪い子だったんでしょ?」とその女の子が話している横で、彼は「余計なこと言うなよ」と照れ笑いをしながら彼女に言葉をかけているのです。

彼は成人しても、中学時代の父親の毅然とした態度に感謝しているのです。

父親と息子。
親子や年の差なんて関係ない。
男同士だからこそ通じる心意気もある。

◇俺たちにとっては、最後の学校なんだ

ある日、駅前の居酒屋で職場の仲間と飲んでいました。いろいろな話で盛り上がり、居酒屋を出たのは、もう夜十一時を過ぎた頃でした。

居酒屋からわが家までは歩いて三十分ほどかかります。近くの駅まで行くともう最終のバスは出てしまっていました。タクシーはたくさんの人が並んでいたので、駅で仲間と別れたあと、家まで一人で歩くことにしました。

しばらく歩いたところに大型スーパーがあります。そのスーパーの横にある広い駐車場の暗闇の中に、数台のバイクとそのバイクの周りに腰を下ろしている数人の人影が見えました。しかも、暗闇にいる人影は私の方をじっと見ているのです。

酔っている私は、吸い込まれるようにその人影の方に足が向いていました。人影に近づくと、暗闇の中から一人が立ち上がり、「あ、やっぱり、先生じゃん。なんでこんな時間に一人で歩いているんだよ？」と声がしました。聞き覚えのある声でした。近づくと、卒業生たちでした。その中には、今年、卒業した私のクラスの生徒もいました。「それは俺のいう言葉だよ。何でこんな時間に、こんなところにいるんだ？」と思わず彼らに言葉を返しました。「先生、久しぶりじゃん」という彼らの言葉から、中学校時代の懐かしい話が始まりました。彼らとともに、私もその場に腰を下ろしいろいろな話をはじめました。

彼らは、中学校時代に多くの問題を起こしてきた生徒たちです。何度も指導を繰り返してきました。毎日のように彼らの家を訪ねました。学校で起こした問題を保護者に伝え、本人とも話をしてきたのです。

一人の生徒が少し興奮し、「先生がうちに来ると、家が大変なんだ。親父とお袋がもめるんだ。もう、こないでくれ！」と怒鳴ってきたこともありました。

「お前がいろいろなことをするからだろう。親はわが子のことが心配で学校のことを知りたいものだぞ」と彼に言葉を返していましたが、そんな私の言葉で納得することはありませんでした。それでも家庭訪問は続きました。私が訪ねても、まだ本人が帰宅していない日もありました。

家庭訪問を続けていたある日、「先生、どうせ家に来るなら、勉強、教えてや。俺、全然勉強してこなかったから何にもできないからさ」と、思いもかけない言葉が彼の口から出たのです。

中学三年生の進路の時期でもあり、勉強が気になりはじめ、あせりもあるのだと感じました。問題行動を起こした日の家庭訪問だけではなく、毎週、決まった曜日に彼と勉強をする家庭訪問が始まりました。

私が訪ねる日に、彼の妹が「先生が来るから、たこ焼き買ってきた」と、用意をしてくれた日もありました。彼が勉強している横で妹もノートを広げることもありました。

「あっちにいけよ」と妹に言う彼に、「お兄ちゃんと一緒に勉強する」と妹は元気に言うのです。台所から彼の母が、兄妹の姿をじっと嬉しそうに見ていました。

私が彼の家を出るとき、彼の母が「先生、ありがとうございます。あんなに仲良くしている子どもたちの姿、久しぶりに見ました」と、深々と頭をさげながら声をかけてくれました。

そんな懐かしい話を思い出しながら彼らと話をしていると、彼らは私が忘れていることをたくさん覚えていました。

「先生、学級の係りを決めたとき、俺、いなかったよな」「二学期の俺の掃除場所、先生、覚えている?」「黒板の落書き、俺、みんな覚えているよ」と、次から次へと話し続けるのです。

「どうして、そんなことまで覚えているんだ?」と彼らに尋ねると、彼らは「俺たちは、中学校を卒業して就職しただろう。だから、俺たちにとっての学校は、中学校が最後なんだ。みんなは高校とかの思い出もできるかもしれないけど、俺たちの学校の最後の思い出は中学校なんだ」と言うのです。

衝撃的な言葉でした。今まで考えてもいなかった卒業生の心の言葉を聞いた感じがしました。

あきらめずに続けていれば、
思わぬ変化のきっかけがやってくる。
実は彼らもその時を待っている。

◇手紙に心を乗せて

修学旅行が間近に迫っている学年では、学年・学級の懇談会の中で修学旅行の説明会が行われます。

私は、中学三年生を担任するようになりました。修学旅行前に保護者と内緒話をするようになりました。「子どもたちに内緒でお願いがあります」と保護者に話しかけます。

そして「修学旅行先で子どもたちが親に手紙を書きます。その時に、みなさんからの手紙をそっと用意しておいて、子どもたちが書く時に、その手紙を子どもたちに渡して読ませたいのです」とお願いをします。

担任からの急なお願いに毎回多くの保護者は戸惑い、わが子へ何を書いたらよいのか困っている顔をします。「『修学旅行を楽しんでいますか？』の一言でもいいのです。みなさんがわが子へ書いた手紙は封をして、そっと私に届けてください。封をしたまま、みなさんのお子さんへ渡します」とさらにお願いをします。


修学旅行当日の朝、生徒たちと見送りの保護者が集合場所に集まりました。私のかばんの中には、生徒に内緒の保護者からの宝物が入っています。生徒たちは修学旅行へ行く楽しさが顔に表れています。みんな笑顔がいっぱいです。二泊三日の修学旅行の出発です。

毎回、修学旅行の業者の方に「この子たちにとっては、一生の思い出になる三日間です。よろしくお願いします」と伝えます。業者の方も「もちろんです。素晴らしい旅にしましょう」と答えてくれます。

新幹線の中でも、そして京都・奈良に着いても子どもたちは元気いっぱいです。様々な学習を行い、一日目の活動が終わります。

夕食を食べ終え、入浴を終えた生徒たちは、長テーブルが置いてある大きな部屋に集まりました。その部屋の中で班ごとに集まり、その日一日の反省を行い、健康状態を確認しました。

各班での反省が終えた後は全体会です。それぞれが班ごとに長テーブルのところに座り、学級委員の進行で各班からの反省の発表と翌日の確認をしました。

その後、生徒一人ひとりのテーブルに便箋と切手を貼った封筒を配りました。そして、司会者が「次は家族に旅の便りを書きましょう」とプログラムを進めました。

学級委員も自分の席に座り、ここからの進行は私が行いました。ちょっと間をおきました。生徒たちは何かあったのかと思いながら顔をあげて私を見ました。部屋はシーンとなりました。

静かに、ゆっくりとした口調で生徒に語りかけました。「みんな目を瞑《つぶ》って、今日までのことを振り返ってみよう。今朝、みんなの親が見送りをしてくれたこと、修学旅行へ向けて今までいろいろな準備してくれたこと、みんなと一緒に修学旅行へ行けるようにお金を積み立ててくれたこと、一つ一つを思い出してみよう」

静かに話をしながら生徒一人ひとりの席を回り、保護者からの手紙をそっとテーブルにおいていきました。

「みんな、そっと目を開けてごらん」と、生徒に声をかけました。生徒は自分の目の前にある自分の名前が書かれた封筒を見て驚きました。ある子は嬉しそうに、また、ある子は恥ずかしそうにその封筒を開け、読み始めました。

部屋はシーンとしています。どこからとなく、すすり泣く声が聞こえてきます。そのすすり泣く声は徐々にひろがり、部屋のあちらこちらから聞こえてきました。流れる涙を友だちに見られないように、顔を伏せ、親に返信を書いている子もいます。男子も女子もみんな目が真っ赤です。

私には、保護者が何を書き、子どもたちが何を返信しようとしているのかわかりません。ただ、「子思う親と親思う子」の姿がそこには確かにありました。

「先生、早く手紙を親御さんに届けてあげたいので、今夜私が郵便局まで行って投函してきます」と添乗員さんが声をかけてくれました。添乗員さんの目も真っ赤でした。

時には文章で伝えてみよう。
心の底から涙するほど
気持ちが伝わることもある。

◇わが子の前で、親の姿を

普段の生活から落ち着きのない生徒がいました。友だちと小さなトラブルも繰り返し起こしていました。そのたびに、声をかけ、注意をしてきました。

ある日の放課後、職員室にいる私の耳に、教室のほうから大きな音が聞こえてきました。あわてて、教室へ向かうと、天井についている蛍光灯が数本割れていたのです。

そこには彼の姿がありました。片手には、柄の長いほうきを持っていました。教室の中でほうきを振り回していたのでしょう。彼に怪我がないことを確認して、相談室に彼を呼び、「教室で何をしていたのか」「どうして蛍光灯が割れるようなことをしていたのか」「今、どんな気持ちなのか」など、いろいろと彼と話をしました。

彼は、誰もいない教室で、一人でほうきを振り回していたというのです。長いほうきをバッドのようにして、ブンブンと振り回していたら、天井の蛍光灯にほうきの柄がぶつかってしまったと。まさか、天井の蛍光灯が割れるとは思わなかったというのです。

彼には悪気はなかったのですが、今までの生活の落ち着きのなさから周りが見えていないのだと感じました。

それから数ヵ月後の放課後、外の渡り廊下のところに立てかけてあった木が燃えていると、部活動をしていた生徒が走って職員室に教えに来てくれました。

現場に駆けつけると、渡り廊下の1本の柱にこげた跡がありました。体育館の影からその場を見ていたのは彼でした。まさかと思いながら、彼に聞いてみました。

「誰かが燃やしたみたいだけど、知らないかな?」無口になった彼の様子から、すべてが分かった気がしました。

「二人だけで話そう」と彼を相談室に呼び、話しました。今回は、保護者に連絡を取り、彼と一緒に話をすることにしました。


その晩、彼と一緒に父親に学校へ来ていただきました。

相談室より少しでも広い部屋で話ができればと、学級教室を使いました。並んだ2つの椅子に父親と彼が座りました。彼は、元気はないものの、事の重大さにまだ気がついていない様子でした。

私の前に座った父親は、いきなり立ち上がり、わが子の前で、私に深々と頭を下げるのです。その横で彼は立ち上がった父親の姿をただボーっと見ているだけでした。

なかなか頭を上げない父親の姿を、彼は下から覗き込みました。そのとき彼の顔が変わったのです。父親は涙で目を真っ赤にしていたのです。なかなか頭を上げられなかったのは、その顔を息子に見せたくなかったのです。

頭を持ち上げた父親は、ゆっくりと話し始めました。「先生、もうしわけありませんでした。ただ、ただ、情けなくて、情けなくて。息子が情けないのではなく、私自身が情けないのです。ご迷惑をおかけしました。親もがんばります」

横にいた彼は、始めてみた父親の姿に驚きの顔をしました。そして、彼も涙を流し始めたのです。

教師のどんな言葉より、親の真剣にわが子を思う姿で彼はかわりました。言葉ではないのです。

親の行動を子は模範する。
子は親の真剣な姿に
心を変えていく。

◇雨が降って欲しい

新年度になると、部活動では新入生を対象に仮入部期間が始まります。数日間の仮入部の後、正式に入部をします。

四月下旬には、正式部員として活動が始まります。私が顧問をしていた部にも、何人かの新入部員が入部しました。

一人の一年生が、正式入部したばかりの五月ごろから、部活動を早退することが多くなりました。また、休日の練習も休むようになりました。

入部して間もない時期なので、疲れが出たのだろうと気にしないでいました。しばらくすると、部活動を早退することも休むこともなくなりました。それ以来、まじめに、真剣に練習をし、部内でも同学年をまとめ部員からも信頼されてきました。

二年生になった五月。一年生のときと同じように、部活動を早退し休日の練習も休むようになりました。昨年のこともあったので、しばらく様子を見ることにしました。すると彼女は一年生の時と同じように、部活動を休むことなく夢中で練習を始めました。

三年生になった彼女。そして私はその学年の所属となり、彼女の担任になりました。生徒が毎日書いている生活日記というものがあります。その日の出来事や考えていることなど、いろいろなことを生徒が書いてきて、担任の私に渡します。私はその生活日記にその日のうちに返信を書いて生徒に戻していました。

五月になったある日。彼女が書いてきた生活日記を読んで驚きました。彼女のその日の日記のタイトルは「雨が降って欲しい」でした。気候の良い五月なのに、「雨が降ってほしい」というタイトルは疑問に思いました。その日記を読んで、なぜ彼女が毎年五月に雨が降ってほしいのか、そして、毎年五月ころになると、部活動を早退し、時には休んでいたのかが分かりました。

彼女の家は、茶畑をたくさん持っていました。お茶の専業農家だったのです。彼女の日記には、「雨が降って欲しい。雨が降ればお父さんもお母さんも仕事が休めるから。毎日、お父さんもお母さんも朝からお茶摘みへ行って、夕方まで帰って来られない。工場へはおにぎりをもって、一日中行っている。深夜に帰ってくることもある。寝る時間もほとんどないみたい。私より遅く寝て、私より早く起きている。雨が降れば、少しでも身体が休められるのに」と書いてありました。

彼女は自分ができることを考え、部活動を休んで親の仕事を手伝っていたのです。

彼女は一、二年生のとき、顧問の私や友だちにひと言も言わずに、部活動を休んで親の手伝いをしていたのです。なぜ、話してくれなかったのか彼女に聞きました。

彼女は、「もし、友だちや先生に話したら、私が畑仕事を手伝うために部活動を休んでいるということが親に分かると思うし、親がそれを知れば無理しても私に仕事を手伝わせないと思うから・・・」と言う返事が返ってきました。

親は子に「親に気を使うことは、ないんだよ」と思っていながらも、子は親のことを考え、親のために何かをしたいと思うものです。親の一生懸命な姿が子をそうさせるのでしょう。

想うのは親だけではない。
ふと昨日の子どもの姿を思い出して欲しい。
そこには、子が親の幸せを願う姿もある。

☆相手の心をつかむ【中野マジック3】保護者と生徒編

1 子の姿を親に伝えるマジック

親は子どもが学校でどんな生活を送っているのか、とても気になるものです。友だちと仲よくしているか、忘れ物はしていないか、授業はちゃんとうけているのかなど、どうしてもマイナス的なことが、親の頭には浮かんできます。子どもの学校での生活で頑張っている姿を親に伝えることで、親はどれほど安心をするでしょうか。

日々の生活の中で子どもたちの素晴らしさ、頑張っている姿を、常に意識し、記録を取っておきます。そして、その素晴らしさ、頑張っている姿を三者（親・生徒・担任）面談で本人を前に、具体的に親に伝えるのです。

もう一つ、伝え方があります。それは学級通信です。学級通信は定期的に発行します。

そして、その紙面で子どもたちの素晴らしさを載せていくのです。できるだけ具体的に載せるのです。さらに、親に電話でも素晴らしい頑張りを伝えるのです。

電話をすると、「家ではだらしないと思っているのにね。」と、喜びながら話をされる親もいます。

こんな方法で子の姿を親に伝えるのが、中野流の「子の姿を伝えるマジック」なのです。

2　親の姿を学級の中に置くマジック

学級の中に親の姿を置きたい、と思うのです。学級に飾る花は保護者からもらい、時にはプランターに植えられた花も保護者からもらい学級教室に飾ります。

授業参観の時、学級活動での公開授業。親子対抗百人一首。保護者と子どもたちで百人一首を実施。読み手も保護者が行いました。百人一首だけでなく、ゲストティーチャーとして、保護者にどんどん授業に入ってもらうのです。沐浴人形を使った授業では、保護者が赤ちゃんの抱き方を子どもたちに教えたりしました。学級の生活の中に、授業の中に、保護者の姿を現していくのです。

子どもたちは、親の姿を学校生活の中でも感じることができます。思春期であり、親へ反抗しがちな時でも、親の行動を知ることで、親の子を思う気持ちが伝わるのです。

これが、中野流の「親の姿を学級の中に置くマジック」なのです。

3　親と生徒と教師をつなぐマジック

学級通信を定期的に発行します。その紙面には、生徒の姿を載せます。

生徒の生活日記や授業のようす、生徒会活動の様子などをたくさん載せていきます。また、学級通信を読んでの親の感想や親が生徒に伝えたいメッセージなどを学級担任がもらい、学級通信に載せていきます。さらに、担任の思いもその紙面には載せていきます。一枚の学級通信に生徒・親・担任の三者の姿があるのです。

時には担任が親子の絆をつくる役割も果たすのです。常に三者の姿を意識して、定期的に三者が載っている学級通信を配付するのです。親同士、生徒同士がお互いを知るだけでなく、親子のつながりも学級通信によって作られていくのです。

これが、中野流の「親と生徒と教師をつなぐマジック」なのです。

第4話

ココロが大きく揺さぶられた出来事

◇子どもの感性は大人をはるかに超えている

教育委員会で指導主事をしていた時のことです。

ある日、小学校の研究授業に参加しました。授業は小学二年生の国語でした。事前にいただいた指導案（授業を進めるための案）を読ませていただき、授業を参観しました。

授業には毎時間その授業のねらいがあり、そのねらいにむけて授業が進められていきます。

授業開始からしばらくして、突然女の子が手を挙げ、「先生、ここに書いてある『にこにこ』と『にっこり』ってどこがちがうの？」と教科書を指差しながら先生に質問をしました。

教室のうしろで授業を見ていた私もあわてて、教室の後ろに置いてあった辞書で調べてみましたが、そこには、「にこにこ」も「にっこり」も「声をださず、うれしそうに笑うようす」と書かれてありました。

教室の後ろにあったもう一冊の辞書には「にこにこ・・・楽しそうにほほえみを浮かべるさま。にっこり・・・にこにこ」と書かれてありました。「にこにこ」も「にっこり」も同じなのです。

私が教室の後ろでこうして辞書で調べていると、一人の女の子が手を挙げ、「先生、にこにこは、いっぱい、にこにこするんだよ。にっこりは、にこっ、と短くするんだよ」というのです。

教室内の子どもたちは、うなずきながら納得した子と首をかしげる子がいました。そして、ちょっと間をおいて、今度は男の子が手を挙げ、教室の前に出ていきました。みんなの方を向いて、「僕の顔をよく見てよ」というと、その男の子はみんなの方を見て「こうだよ」と言いながら、自分の顔で「にこにこ」と「にっこり」の違いを伝えるのです。「にこにこはね、こうだよ」といいながら、少し長めに笑うのです。そして「にっこりはね」と言いながら、短く笑うのです。

クラスの子どもたちは、なんとなくうなずいていましたが、納得はしていない感じでした。その様子を感じ、みんなが納得してないと思いながら、その男の子が席にもどりかけたときです。「あっ！」と女の子の小さな声が教室に響きました。そして、その女の子が手を挙げました。女の子はその場に立ち、勢いよく話し始めました。

「先生、わかった！　わかったよ。お誕生日などでプレゼントをあげるでしょ。そのときに『にっこり』してプレゼントを渡すよ。反対に誕生日のプレゼントをもらうとき、うれしくて『にこにこ』するよ。そうだよね。そうだよ、そうだよ。きっとそうだよ」と、自分を納得させるように、大きな声でクラスのみんなに話しました。

その話を聞いたクラスの子どもたちは「そうだね。そうだよ。そうだよ」とみんなが言い始めました。そしてみんなで「そうだよ」と声を合わせて、何度も何度も言い始めたのです。

子どもたちは、女の子が出した、「プレゼントをもらうときに、うれしくて『にこにこ』するよ。あげるときは、なんかわくわくして『にっこり』しながらあげるよね」ということが、子どもたちの心の中で納得した答えだったのです。

この女の子の答えに驚きました。プレゼントをあげるときと、もらうときの違いが、「にっこり」と「にこにこ」の違いなのだという言葉に、私も納得しました。

女の子の考えた答えは、どんな辞書よりも、多くの人を納得させるものでした。この回答に、クラスの子どもたちの表情はとても明るく、授業も充実したものになりました。

大人が知識として知っていることや辞書に載っていることを子どもたちに単に伝えていくだけでは、子どもたちはどれだけ理解し、納得するでしょうか。

子どもたちは日常の生活の中で、体験して身につけていくことがたくさんあります。文字や言葉だけでは納得できないものです。

もし、この授業の中で、教師が「さぁ、みんなで『にこにこ』と『にっこり』を辞書で調べてみましょう」と指示をしていたら、子どもたちはどのような反応をしたでしょうか。「なんだ、同じ意味なんだ」で終わってしまったかもしれません。

授業前に作成をしていた指導案の流れとは、少し違ってしまいましたが、子どもたちにとって忘れられない授業になりました。

子どもたちは大人が想像もできないほどのすばらしい発想をいつも持っています。子どもたちの発想にいつも感動して心が震えます。

大人が知恵を絞っても与えられない感動。
子どもたちは簡単に、
大人が想像もしない言動で与えてくれます。

◇流した汗の数だけ、きれいになっていった

平成二十二年八月二十八日（土）、文化会館で、「便教会」の発会式が行われました。「便教会」の発会は私が一年前から考えていたことです。

翌日、二十九日（日）、市内の中学校で、掃除実習が行われました。掃除実習をした学校では、全校の約三分の一の生徒が参加しました。

掃除実習が行われた翌朝、その学校の保護者の方々と話をしました。

「家を出るとき、嫌そうだったけど、帰ってきたらすごく元気だったわ。暑くてぐったりして帰ってくると思ったのに、『おいしいカレーを食べたよ』など、なんか元気なのよね」「私も参加したけれど、トイレでリーダーさんが説明をしているとき、徐々にあとずさりをしていた生徒が、途中から必死で便器を磨いているのよ」と、生徒の変化を教えてくれました。

・最初はトイレに手を入れることも嫌だったけれど、きれいになってきていることを実感してきて楽しかった。やってみると大変だったけれど、トイレをきれいにし終わった後、気持ちよかったし、何か一ついいことをしたなっていう気持ちになった。家でもぜひトイレ掃除をやってみたい。

・ぼくは普段こういったことをあまりすることがなかったので、今回とても貴重な体験をしたと思います。トイレは思っていたよりきたなく、掃除をするのもひと苦労でした。しかし、終わったときの達成感やピカピカになったときの嬉しさなど、学んだことがいっぱいありました。この経験を家に帰っても生かしていきたいです。

・細かいところをひとつひとつ丁寧なやり方で掃除をしました。場所がトイレだったので、最初は「きたないからやりたくない」と思っていました。でも、やってみて、きれいになると、すっごく嬉しくて、達成感がありました。そして掃除をしているうちに、少し楽しくなりました。今日の掃除に参加してよかったです。

・どんどんきれいになっていくトイレを見ていると、「もっと頑張ろう！」と思いました。掃除をして最初すごくきたなかったのが、自分の力で（他の方の協力も得て）、一つのトイレがきれいになり、ピカピカになるのが楽しみになってきました。いつも見ていないところもきたなくて、掃除をするときれいになったので「きれいにしたのは自分なんだ！」と思って、嬉しくなりました。トイレも心もきれいになりました。

他にもたくさんの感想の山が・・・。閉会式で、生徒たちの姿に目頭が熱くなりました。最後にこんな言葉で会を締めくくりました。

流した汗の数だけ、きれいになっていった。
流した汗の数だけ、感動を得られた。
明日から始まる学校ですが、みんなで頑張ってください。

共に汗を流すことで見えてくるものがある。まさに「率先垂範（そっせんすいはん）」の心です。

流した汗の数だけ学びもある。
行動は人を変える。
そこに感動が多いほど劇的に。

◇二十年越しの夢実現への一歩

お正月に届く年賀状には、毎年、教え子たちとの再会を実感します。
「おやじが定年退職し、急に年を取ったように感じている」「転勤で大阪勤務になりました」

「病院のリハビリ室に勤務するようになりました」「今年、結婚します」など、会わずとも教え子たちの近況が伝わってきます。

毎年、届く年賀状で教え子たちの成長の様子も感じることができます。

ある教え子の女子生徒から、年賀状が届きます。中学校時代、「ニュースキャスターになりたい」と夢を語っていました。勉強もとても熱心にしていました。

「ニュースキャスターになるには、いろいろなことを知っていないといけないから」といろいろな本を読んでいました。

中学校を卒業してからの年賀状で彼女の人生の変化を感じてきました。

高校に入学したころの年賀状では、部活動に夢中になっていた様子が書かれてありました。

大学受験の年の年賀状には、「中学校の頃の自分の夢をかなえたい」と大学受験に向けて頑張っている姿がうかがえました。

大学に入学してからの彼女の年賀状には、「テレビ局に行き、アルバイトをしている」という、夢を追いかけている姿がありました。

たくさんの友だちと大学時代を楽しみながらも、中学校時代の夢をかなえようと彼女は一生懸命でした。

そして、大学を卒業する年です。大学を卒業して、ニュースキャスターになるという彼女の夢は、このときかなわなかったのです。

この年の彼女からの年賀状には、夢をかなえることの難しさが書かれてありました。彼女はニュースキャスターにはならず、他の企業に就職しました。

それから数年後の年賀状は写真入りの年賀状でした。その写真には、素敵な男性と一緒に彼女が写っていました。そして、「結婚しました」「仕事と家事で忙しい毎日を送っています」と書かれてありました。もうニュースキャスターへの夢は書かれてありませんでした。

中学校時代からの夢をあきらめたかのように感じていました。しかし、彼女はあきらめていませんでした。

その数年後の彼女からの年賀状には、この二月に家事を重視しつつ、ニュースキャスターとして働くことになったということ、二十年越しの夢実現への一歩となったこと、などが書かれていました。

彼女は、中学校時代からの夢を二十年近く追い求め、今、その夢に近づいているのです。それから数年後、彼女はフリーのアナウンサーとなり、テレビ出演をしたのです。そして現在、海外に住み、活動の幅を広げようとしているのです。

夢は必ずかなう。
時にその形や姿は少し変わるが、
あきらめなければ限りなく近づける。

◇寡黙な少女が教えてくれたこと

先日、小学校一年生から中学校三年生まで一緒の、特別支援学級の合同宿泊学習に参加しました。

それぞれの班は、小学生と中学生とが一緒になっています。義務教育の九年間の成長を見ることが出来る宿泊学習でした。

中学生が小学生の面倒をみる姿や小学生が自分でできる事は自分で行うという光景がいろいろなところで見られました。

子どもたちは、あっという間に、兄弟・姉妹のように仲良くなっていきました。バイキング形式の食事では、中学生がそれぞれの食材の前に立ち、小学生が持ってくるお盆に乗せられたお皿に、分量を聞きながらよそっている姿を見ることができました。

この宿泊学習ではたくさんの活動が盛り込まれています。活動もできるだけ小学生に合わせたものが多くあります。

「秋を探そう」という活動がありました。宿泊学習の場所は森の中です。その森の中で、班別に秋を探そうというのです。この活動では、小学校高学年の児童がリーダーとなりました。リーダーの児童が班の先頭になって、森を歩きだしました。

紅葉をしている葉を拾い集める児童、どんぐりを拾う生徒、森の中を歩きながら、自分で見つけた秋を袋に入れていきました。班員それぞれが見つけた秋を袋から出してテーブルに広げました。

小学一年生の女の子が袋から出したものは、紅葉した葉ではなく、枯れた落ち葉ばかりでした。班のみんなは驚きました。ほかの小学校低学年の子どもたちは、「どれが秋なの？」「これって、枯れた葉っぱだよ」などと言い始めました。

その時、引率していた若い先生が「〇〇ちゃん、たくさん探せたね。みんな秋の葉っぱだよね。秋になったから、葉っぱが落ちたんだよね」と声をかけたのです。

泣きそうになっていたその女の子は、引率の先生を見上げてにこっとしました。その姿を見て、中学生も「秋があったね」と声をかけました。

声をかけられて元気になった女の子は、座っていた椅子から飛び降りて、まだ袋に入っていた落ち葉を散らかしたのです。

その行動に、「散らかしたら駄目だよ」「ほうき持ってきて、掃除しなければいけないよ」と中学生からも声が出ました。

でも、その女の子は、周りの声が聞こえないかのように、袋の中の落ち葉を全部広げたのです。そして、たくさんの落ち葉の中から、何かを見つけているのです。

引率の先生は、その女の子の横に座り、一言も声をかけずただじっと見守っていました。

すると、その女の子は落ち葉の中から小さなどんぐりを拾い出したのです。

寡黙な女の子は、毎日、自分の思いがなかなか人に伝えられない生活を送っていたのです。行動をみるだけでは、なかなかわからない女の子の姿も、その子なりに理由があったのです。

心を見る大切さを彼女から教えられました。

些細な行動にも深い意味がある。
その思いに気づけたとき、
深い幸せを得ることが出来る。

◇先生方にお茶を飲んでほしい

夏休みのある日、地域の方から職場に電話がありました。「夏休みが終わる頃、先生方はお時間作れますか」という内容でした。

突然の電話に驚き、なぜかとお尋ねしたところ、「先生方にお茶を点てるので飲んでほしい」と言うお話です。「先生方にお茶を飲んでほしい」「心を癒して、元気に二学期を迎えてほしい」というのです。

地域の方とのお茶会の日は、夏休みの後半の校内研修会の日になりました。

お茶会の前日、数人の地域の方が学校へ準備に来ました。家庭科室の大きな机をすべて壁際に立てかけ、床を掃き、部屋をきれいにし、床に畳を敷き、そして掲示ボードを利用し、そこに一枚の掛け軸が飾られ、さらに、その前には季節にあった花が活けてあるのです。一歩教室に入ってみると、まるで茶室のように感じられました。

お茶会の当日、全職員で茶室（家庭科室）へ行きました。たくさんの地域の方が茶室で出迎えてくれました。

茶室の畳の上に職員が４つのグループに分かれて座り、それぞれのグループに二人の地域の方がついてくれました。

飾られた掛け軸はなんと美術館から借りてきたものでした。そして、出されたお菓子は、事前に注文をしておき、お菓子屋でその日の朝に作られたものでした。

こんなにも、とことんこだわり、私たちのためにお茶会を開いてくれたのです。心の奥からこみ上げてくるものがありました。単なる感謝という思いだけでは伝えられないものです。

地域の二人の方が、職員の前でお茶を点てる側といただく側になり、その作法を見せてくれました。そして、いよいよ私たちがお茶を点てる番です。

「作法にこだわるより、隣の人のことを考えて、隣の人に感謝をし、飲んでいただくという思いを持ってお茶を点ててください」と話されました。抹茶を入れ、お湯を入れ、茶筅でお茶を点てたのです。おいしいお菓子を食べ、隣の人が点ててくれたお茶をいただき、心落ち着く時間を過ごしました。

時間の流れが止まったように、そして、その場の空気はまさに凛とした感じでした。最後に代表の方が、「先生方、もうすぐ夏休みが終わりますが、またお忙しくなると思います。どうぞお体を大切にがんばってください。短い時間でしたが、ごゆっくりできたでしょうか」とご挨拶をされました。こんなにも地域の方々に応援されている。そう思うだけで心が震えました。

帰り際、代表の方とお茶会の後、少し話をしました。「来年もお茶会をしましょう」そして、来年はお花もみんなで活けることにしました。

職員みんなで花を活け、それをすべての教室に飾り、夏休みを終えて登校してきた生徒を迎えようと思うのです。

職員は地域の方々の温かさに支えられ、夏休みが終えて元気に登校してくる子どもたちのために、職員も元気になった時間でした。

生徒は気づいていない地域と職員のお茶会。お茶会での、地域の方々の温かい思いを受け止めた職員は、お茶会が終えるとすぐに教室へ行き、子どもたちを迎え入れる準備をはじめました。

生徒は気がつかないかもしれませんが、それでいいんです。
熱い想いを受け取ったままの私は、居ても立ってもいられなくなったのです。

想いを受け取ったら、
それを自分なりに広げて行こう。
じんわりと、一歩ずつ、焦らずに。

◇親は親なんです

集金日にいつもお金を持ってくるのを忘れる生徒がいました。
「明日は、忘れるなよ」と声をかけても、翌日もまた忘れてしまうのです。こんな状況が毎回続いたので仕方なく家庭へ連絡をしました。「集金日が過ぎていますので、明日、お子様にお金を持たせてください」と伝えました。母親からは「子どもから聞いていました。分かりました。明日持たせます」との返事を頂きました。

電話をして二日後に彼は集金費を持って来ました。これまでは家庭に電話をしても、すぐに持ってくることはありませんでした。

朝の会を終え、教室を出ようとしたとき、彼が寄ってきて「先生、これ」と集金袋を差し出すのです。これが彼の集金袋の渡し方です。そっと、他の人にわからないように渡すのです。

いつものように家庭に電話をしても、彼が集金を持ってこない月がありました。

数日後の放課後、彼の家を訪ねました。彼の家の中からは大きな声が聞こえてきました。酔っている感じの男性の声です。

外は薄暗くなっていました。彼ももう家にいるはずです。玄関を開け「こんにちは」と大きな声をかけると、中から男性の酔ったしゃべり口調で、「なんだ!」と大きな声が返ってきました。

玄関に出てきた男性は、彼の父親でした。集金をもらいに来たことを伝えると、いきなり上半身裸になり背中の大きな刺青を私に見せたのです。私はその刺青を見ながらもこの父親に「集金をもらいに来ました」と告げました。

酔っているせいもあり、なかなか話が進まない状態でした。奥から彼の母親が出てきました。父親を家の中に入れると、お財布から集金額を差し出しました。

母親は「驚かせてすみません」と言うと、家の中に入り玄関を閉めてしまいました。

ある日、授業を終えて職員室にもどろうとすると、一人の職員が飛んできました。

「お酒を飲んでいるみたいな人が先生を訪ねてきているよ。『授業中です』と言ったんですが、『授業を終えるのを待つ』と言って、帰らずに、今、相談室で先生を待っています」

と言うのです。

心当たりもなく、教科書を持ったまま相談室へ行きました。ドアを開けると、そこには彼の父親がソファーに座っていました。私も父親の前に座り、ゆっくりとした口調で「今日はどうしたのですか?」と声をかけました。

父親はしばらく何もしゃべらずにいました。しばらくすると、かぶっていた帽子を脱ぎ酔ったうつろな目で私の目を見ながら話し出したのです。

「先生、俺はこれから少しの間、仕事に出る。家を空ける。息子を頼む」

それだけを言うと、相談室から出て行ったのです。

その日の夕方、母親から電話が入りました。「今日は父親が酔って学校へ行ったらしいですね。先生、驚かれたでしょ。あの人、お酒飲まないと学校へ行けなかったみたいで、ごめんなさい。あんな父親ですけど息子が心配なんです。先生、ご迷惑かけてすみません。親もしっかりしないとだめですね」

親が一番大切に思っているのは、わが子なのです。どんなことがあっても、わが子を心配しているのです。

どんな時でも、どこに居ても、しっかりと成長をしてほしいと心の中で願っているのが、親なのです。

教師は、親と子の関係をつなぐ、架け橋になることも時には必要なのです。

たくさんの生徒の親と接してきましたが、やはり親は誰でも子を一番に想っています。

中には少し歪んだ愛情や、親の価値観の押し付けなど、間違った方向に進んでしまっているケースもありました。

だからこそ、親には見せない生徒の姿、学校で家庭以外の素直な姿を知り、大人の目線や立場も知る教師が、親と子の架け橋にならなくてはいけないと感じています。

教師は人を育て、人と人とを紡《つむ》ぐ職業なのではないかと最近では思っております。

どんな親もこの幸せを願う。
言葉で伝えられないなら、
勇気と行動で示す方法もある。

☆相手の心をつかむ【中野マジック4】総集編

本当にマジックはあり得るのか？

中野マジックと言うことを書いてきましたが、本当にマジックはあり得るのか。マジックとは手品でも魔法でもないのです。

教員が子どもを思う気持ちが作り上げたものなのです。子どもを大切に、大切に思う気持ちから、子どもたちを教える工夫がうまれ、アイディアが湧いてくるのです。

子どもたちと正面から向かい合い、子どもたちを理解しようとする気持ち、子どもたちの夢を共に叶えようとする気持ちがあれば、マジックは生まれるのです。そして奇跡は起きるのです。

奇跡は起こそうとして起きるのではなく、起きるべきにして起きるのです。子どもたちが生み出す、たくさんのドラマ。これは奇跡ではなく起きるべきにして起きている事実なのです。

目の前の子どもをじっと見てみましょう。心の中で気になる子どもを意識してみましょう。必ず一人ひとりの子どもの光が見えてきます。小さな光も見逃さないように、じっと子どもの心を見ていくのです。その光に気がついたとき、教師は変われるのです。

誰もがマジックを持てるのです。すべての人が自分なりの方法でマジックを使えるのです。今日からあなたもマジシャンです。

子どもを思う気持ちを誰よりも強く持つことで、新しいマジックが生まれ、奇跡が起きるのです。

「すべては子どもたちのために」という思いです。大人がどう子どもたちに関わるかで、世の中の未来が変わります。

子どもたちをしっかりと見ていくことは大人の責務でもあるのです。

第5話

輝く架け橋を教えてくれた私の先生

掃除を通して人生と生き方を学ぶ ― 鍵山秀三郎 氏

今から十三年ほど前の二月。初めて鍵山秀三郎氏にお会いしました。

この本の第一話で書いた「涙の呼名」を*全国教育交流会（やまびこ会）で発表したのが十四年前。そのレポートをやまびこ会のメンバーの一人が鍵山氏に送ったのでした。そのレポートを鍵山氏が読み、全国にＦａｘなどで紹介をしてくださったのです。

それ以来、この「涙の呼名」はいろいろな方が、本などで紹介をしてくださり、最近ではユーチューブでも紹介されるようになりました。

私が書いた「涙の呼名」を全国に紹介してくださった鍵山氏にお会いしたいと、鍵山氏の会社（イエローハット本社）に二月の早朝に伺いました。

早朝に伺ったのは、社員がみな自主的に、早朝会社に来て掃除をしていると聞いていたからです。そこで、私も掃除体験をし、その後、鍵山氏に会おうと思っていたのです。

会社に着くとすぐに、社員の方が清掃用具を持ち、会社の周辺の道路をどんどん掃除していました。それも、見えるところだけでなく、見えないところまで手を伸ばし掃除をするのです。

その徹底ぶりに驚きました。

掃除後に、社員の方たちと会社へ戻ると、風邪気味でマスクをしている鍵山氏が掃除を終えて待っていてくれました。そして、私一人のために応接室でお話をしてくださいました。

「すごい人に出会ってしまった」というのが第一印象でした。

それから、鍵山氏の講演に何回も行き、鍵山氏の本を何冊も読み、鍵山氏が行っているトイレ掃除（掃除に学ぶ会）に何回も参加させていただきました。

当時、私は学級担任でしたが鍵山氏と出会った年の四月に教育行政に転勤になりました。教師になり、学級通信を書き続けてきた私でしたが、教育行政での仕事が始まると、学級担任でなくなり、学級通信は書けなくなったのです。

教師になり、今まで子どもたちと接してきて、子どもたちの素晴らしさを多くの方に知ってほしい、という思いがますます膨らんできたのです。

平成十九年二月、千葉県の学校で行われたトイレ掃除に参加をしました。そのトイレ掃除を終えて、帰宅する前に、その学校の体育館のトイレに寄りました。私の横には小学五年生くらいの男の子が二人並んでおしっこをしていました。

その二人の会話です。

「この便器、綺麗だろう。俺が磨いたんだぜ」

「俺も、ピカピカに磨いたよ。みんな明日来たら便器が綺麗なんで驚くぞ」

「最初はためらったよな。でも、動き出したら、どんどんできたよな」

「うん、そうだよな」

この会話を聞いて、ハッとしたのです。

個人通信が書けず、でも、子どもたちの素晴らしさを伝えたい。そう思っているだけの私。動き出していない自分に気づかされたのです。

家路までの車内で、ずっと個人通信のことを考えていました。

それから一週間後の二月十九日(日)、個人通信「かけはし」が創刊されたのです。第二号からは毎月一日の発行です。でも、創刊号だけは十九日の発行だったのです。

「涙の呼名」を「全国教育交流会」で発表し、それが鍵山氏の手に届き、私がトイレ掃除を始め出し、そこで出会った少年たちの言葉で私の心が動かされ、個人通信「かけはし」が生まれたのです。

鍵山氏との出会いがなかったら、この個人通信「かけはし」は形にならぬまま終えていったかもしれません。

鍵山氏が私の背中をいろいろな形で押してくださったおかげで、個人通信「かけはし」を発行することができたのです。

この個人通信も、すでに１００号（１００ヶ月）以上、継続発行が出来ています。それは、鍵山氏を始め、多くの読者が支えてくださっているおかげです。

子どもは輝いている。その輝きを見落としてはいけない。その輝きをしっかりと見つめ、子どもたちに返していきたい。そんな思いで個人通信を書き続けています。

＊全国教育交流会　主宰：山田暁生　代表：中野敏治

全国の先生方との交流を目的にし、活動をしている。現在では、やまびこ会ペンクラブ誌（ＹＰＣ）「教育現場からの発言集」を年に四回発行している。

山田暁生氏は「全国教育交流会」の中で「子どもの光発見隊」を立ち上げている。


【鍵山秀三郎 氏】

株式会社イエローハット創業者、NPO法人「日本を美しくする会」相談役。1933年、東京都千代田区生まれ。52年、疎開先の岐阜県立東濃高校卒業。53年、上京し、「デトロイト商会」入社。61年、「ローヤル」を創業し社長に就任。97年、東京証券取引所第一部上場、社名を「株式会社イエローハット」に変更。98年、同社取締役相談役となる。2008年、取締役を退任し相談役に就任。10年、相談役を退任、退社。

創業以来続けている掃除に、多くの人が共鳴し、有志の方々により、平成五年、「日本を美しくする会」が発足。その後「日本を美しくする会・各地区掃除に学ぶ会」として全国規模で広がり、平成二十二年に認定NPO（国税庁）の認可を受ける。同会の相談役として各地の掃除に学ぶ会に参加している。著書に、『掃除道〜会社が変わる・学校が変わる・社会が変わる』ほか多数。

日本の教育を真剣に考える男 ― 中村文昭 氏

平成二十一年十一月八日（日曜日）、三重県総合文化センターで開催された「第二回あこがれ先生プロジェクト」が開催された。

この「あこがれ先生プロジェクト」は、中村文昭さんと大嶋啓介さんが、日本中の先生を元気にしようという思いから動き出したプロジェクトです。

三重県で行われた「第二回あこがれ先生プロジェクト」に声をかけていただき、このステージに立たせていただきました。

この時、初めて中村文昭さんとお会いし、たくさんの話をさせていただきました。

開催日前日の十一月七日。居酒屋に集まりスタッフと一緒に飲んでいた時、大きな荷物を持って来られたのが中村文昭さんでした。日本中を走り回り、家に帰る時間もないほど超多忙な方です。そのため、いつも、大きな荷物を持ち日本中を動き回っているのです。

居酒屋で会話をする中で、あっという間に文昭さんの人間性に引き込まれました。お酒を飲みながらたくさんの話をしました。自分のすべてを出し切って話をされる文昭さんの人間性に魅せられました。

文昭さんの話はユニークな中にも、本当に日本の教育を考えられているのだということが伝わってきました。

その居酒屋で文昭さんはこんな話もされました。

久しぶりに家に帰って、家族で食事に出かけた時のこと。

その日は中華料理店に行ったそうです。

そこで、二人の子どもに「今日は、食べたいものを何でも頼んでいいぞ」と言ったそうです。

でも、子どもたちはもじもじしてなかなか注文をしなかったのです。そして「俺、チャーハン一つ」と注文をしたそうです。

文昭さんは、「もっと頼まないのか」と子どもたちに声をかけると、「チャーハンだけでいい」と言うのです。「遠慮するな」と声をかけても、チャーハンしか注文をしないのです。

なぜかと文昭さんは子どもたちに尋ねると、「だって・・・、お父さんは、お金大変だから」と言うのです。「お父さんは、日本の子供のためにお金を使って欲しい。だから僕たちはチャーハンでいい」


この話を聞いて泣きました。

年間300回を超えていると思われる講演をされている文昭さん。その講演費を考えても決して貧困な生活を送る家庭ではないはずなのですが、実はその講演費等を日本の子供たちのために使っているのです。

それを文昭さんの子供たちは知っていたのです。

文昭さんは北海道で、引きこもりやニートの人たちを集め、「耕せにっぽん」というプロジェクトを始めたのです。そこで引きこもりやニートの人たちと農作業をされています。その規模は東京ドーム数個分の広さです。そして、東日本大震災の時は、その農場でできたお米などを東北の地に持って行ったと言います。

「あこがれ先生プロジェクト」も、日本の先生を元気にしようと文昭さんが動き出したのです。さらに、この「あこがれ先生プロジェクト」では、スポンサーを民間企業から募ったのです。多くの企業がスポンサーになり、その企業からの日本の先生への応援メッセージが届いたのです。先生方にとって、これほど励みになることはありません。

三重県で始まった「あこがれ先生プロジェクト」は、今では全国で開催をされるようになりました。全国各地の先生方が主催者となり、自分たちの住んでいるところで「あこがれ先生プロジェクト」を開催し、先生方を元気づけようという動きが出来てきたのです。

文昭さんは言います。「全国を回って気がつくことがある。不思議なことに、熱心な先生が同じことを言っている」と。「それは、『子どもに学んでいる』『子どもに教えられている』と、みな同じように言っている」ことだ。

日本全国で子どもたちと真剣に向かい合い、関わりあっている先生方との出会い。そこには文昭さんが言われている「子に学ぶ姿勢」があるのです。

全国の先生方がつながれば、きっと、きっと、素晴らしい何かが生まれると信じています。

民間企業の方々の応援は、教師にとって、心熱くなる応援団です。

【中村文昭 氏】

1969年、三重県生まれ。皇學館高校を卒業後、単身上京。人生の師匠となる実業家との出会いから、果物と野菜の行商や飲食店の経営に携わり、商売の面白さを知る。独立後は三重県の伊勢市でカウンター・バーやブライダルもできるレストラン「クロフネ」を開店、大繁盛となる。2000年から始めた講演活動は評判が評判を呼び、05年には年間300回を記録。全国を歩くかたわら、農業と若者を結ぶ「耕せにっぽん」や「あこがれ先生プロジェクト」もプロデュースしている。直伝実践塾「中村文昭と学ぶ『人のご縁』塾」「ご縁紡ぎ大学」の塾長。著書に、『履歴書には書けへんけどじつは一番大事なのは人間力や!』(海竜社)、『お金でなく、人のご縁ででっかく生きろ!』(サンマーク出版)ほか多数。

まさに、知行合一の人 ― 木下晴弘 氏

平成二十五年、神奈川県で「あしがら学び塾」という学びの会を立ち上げました。一泊二日で行っている学びの場です。「第一回あしがら学び塾」には、全国から１００人を超す方が参加されました。

食事は大食堂でのセルフサービス、お風呂も大浴場のみ。そして、寝るところは林の中にある一戸建て。トイレは外、布団も自分たちで敷く。この環境の中でこの地に北海道から沖縄まで、全国からたくさんの方が集まるのです。しかも、「第二回あしがら学び塾」では第一回よりも多くの方の参加がありました。一見、不便のように感じるこの環境は、今の社会には必要なのかもしれません。まさに、大人の修学旅行です。

この「あしがら学び塾」では、講師の方々にも、参加者と同じに大きなお風呂に一緒に入り、布団も自分たちで敷いていただきながら、共に時間を過ごすのです。

「あしがら学び塾」では、二日間で四名の著名な講師の方が講話や演奏をされ、参加者の学びを深めています。講師の方が他の講師の方の講話を聞く姿も、この「あしがら学び塾」にはあります。

そんな素晴らしい講師陣のなかで、私自身が個人的に学びの多い一人が、木下晴弘先生です。「あしがら学び塾」のスタッフの紹介で、木下先生を「第一回あしがら学び塾」の講師として来ていただきました。その時が初対面でしたが、第一印象は「すごい」の一言でした。木下先生の気配り、気遣い。そして、講演に対する強い思いを実感しました。講演をされる時はほとんど食べずに気持ちを集中してご講演される姿に感動をしました。

木下先生と出会い、それから機会あるごとに木下先生のご講演を聞かせていただいています。

進学塾で十六年間、約一万人の生徒と関わってこられた木下先生の言葉には、実体験から伝わる内容ばかりです。

受験生のいるたくさんの保護者に「なんのために、よい高校へ」「なんのために、よい大学へ」と問いかけていくと、最後の答えは一致するというのです。それは「我が子に幸せになってほしい」ということになります。

また、「陰と陽」があるという原則を教えていただきました。「夜の花火は美しい。明るい時に花火を空に打ち上げても、夜の花火ほど美しくはない。暗さがあるからこそ、花火が引き立つ。不幸を体験したことのない人に、本当の幸せはわからない。こうして、二つのものが相反するのではなく、一緒に存在している」

この木下先生の教えは、心の奥まで染み込んでいきました。「夏しか知らない蝉は夏を知っているのだろうか。夏以外の季節がわからなければ、夏の存在もわからない」という教えも、大きな気付きをさせていただきました。

【木下晴弘 氏】

１９６５年、大阪府生まれ。株式会社アビリティトレーニング代表。学生時代に大手進学塾の講師経験で得た充実感が忘れられず、銀行を退職して同塾の専任講師になる。生徒からの支持率95％以上という驚異的な成績を誇り、多くの生徒を灘校をはじめとする超難関校合格へと導く。「感動が人を動かす」をモットーに、学力だけではなく人間力も伸ばす指導は、生徒、保護者から絶大な支持を受ける。２００１年に独立し、株式会社アビリティトレーニングを設立。最前線で教鞭を振るってきたノウハウをもとに、全国の塾・予備校・学校で、「感動授業開発セミナー」「子どもたちがやる気になるセミナー」「保護者の魂を揺さぶるセミナー」「モチベーションを高めるセミナー」などを行い、受講者は18万人を超えている。著書に、『子どもが「心から」勉強好きになる方法』（ＰＨＰ研究所）、『涙の数だけ大きくなれる！』（フォレスト出版）ほか多数。

心に潤いを ― 喜多川泰 氏

木下先生の他に、もうひとり「あしがら学び塾」に、いつも講師として参加していただいている方がいます。その方は、ベストセラー作家であり、横浜市と大和市にある聡明舎で中高生の指導にあたっている喜多川泰先生です。

いつからだろう、喜多川先生の本を読みだしたのは。新刊が出るたびに、喜多川先生の本を読んでいました。

本でしか知らなかった喜多川先生の講演に通い始めたのは、数年前からです。時間・場所さえ可能であれば、何度も喜多川先生の講演会に行き、お話を聞いてきました。

どんどん喜多川ワールドに入って行きました。講演会の後に懇親会が行われることもあります。そんな講演会では、必ず懇親会にも出ていました。喜多川先生に、どのように小説を書いているのかをお聞きしたことがありました。

思うことをどんどん書いていく、そして、それを削っていくと言われました。本に載っている文章以上にもっとたくさんの文章があること。たくさんの喜多川先生の思いがつまった文章が削られ、一冊の本になっていくこと。それだけに、発行されている本には、喜多川先生の思いが凝縮されているのです。

ご講演では、自らの実生活から学ばれた具体的なお話をしてくださいます。見方を変えると考え方も変わる、そんな学びを何度もさせていただいています。

学びはどこにでもある。それぞれの生活の中にもたくさんあることを教えていただいています。

【喜多川泰 氏】

1970年、東京都生まれ。愛媛県西条市に育つ。東京学芸大学卒。98年、横浜市に学習塾「聡明舎」を創立。2005年に作家としての活動を開始。執筆活動だけでなく、全国各地で講演を行い、連続講座「親学塾」も毎年全国で開催中。現在も横浜市と大和市にある聡明舎で中高生の指導にあたっている。著書に、映画化され全国公開もされた『「また、必ず会おう」と誰もが言った。』（サンマーク出版）、『手紙屋～僕の就職活動を変えた十通の手紙～』（ディスカヴァー・トゥエンティワン）ほか多数。

ギブ&ギブで与えまくる ― 志賀内泰弘 氏

いつ、どうして出会ったのか思い出せない人がいます。ずっと昔からお付き合いをしていたと思える方がいます。志賀内氏もその一人です。

初めて会ったのは静岡県のある旅館でした。静岡県に講演に行くという連絡が志賀内氏から入り、すぐに「その日、そこに行きます」と答えていました。

その時が志賀内氏との初対面でしたが、初対面という感じもせず、お互いの自己紹介も忘れ、話を始める感じでした。

志賀内氏はいろいろな話をどんどんされました。そしてすべての話が私の心に響くとても興味深い話でした。志賀内氏と話をしているうちに、私の心の奥にある何かに火をつけられるように感じました。何かをしたいと思うようになるのです。また、今の活動をさらに深める方法などが、どんどん頭に浮かんでくるのです。それは、私の頭の中からいろいろなアイディアが溢れ出すような感覚でした。

ある時、東名高速道路を走っていると志賀内氏から電話が入りました。ハンズフリーに設定して、志賀内氏の電話を受けると、「今度、名古屋に知り合いがくるから、中野さん、来ない？　紹介するよ」と言う志賀内氏の声が聞こえました。初対面のときと同じように、スケジュールも見ずに、「行きます」と即答。志賀内氏の魅力でしょうか。安心していつも返事をしている自分に気がつきます。

私が三重県で行われた「あこがれ先生プロジェクト」に参加する時のことです。その時、志賀内氏に「今度、三重に行きます」と電話しました。すると志賀内氏は「その日、名古屋で会おう。何人かの方にも声をかけるから」とすぐに言うのです。

その日、名古屋で志賀内氏と待ち合わせをすると、何人もの方が集まっていたのです。しかも、みんなで話せる場所も志賀内氏は予約をしてあったのです。

こうして、志賀内氏は、いつもたくさんの方をご紹介してくれるのです。私の世界も志賀内氏によって、大きく広がっています。

年に四回発行している「やまびこ会ペンクラブ誌（ＹＰＣ）」を、毎回、志賀内氏に送らせていただいています。志賀内氏は届いたＹＰＣを全国の知り合いで、教育関係に興味のある方へ自ら発送して、ご縁を作り続けてくれているのです。こうして、志賀内氏はお知り合いの方を、機会あるごとに紹介し続けてくれているのです。まさに、ギブ＆ギブ。自分の持っているものをどんどん与えてくれるのです。

志賀内氏は「プチ紳士からの手紙」という機関紙を発行しています。世の中には素敵な出来事がたくさんあります。その素敵で心温まる話を集め、この機関紙に載せて、全国に発送しているのです。

しかも、年間購読をしている方だけに発送をしているのではなく、全国の学校への発送も行っているのです。一つの機関紙が、社会と学校を心温まる話でつないでいるのです。

社会と学校をつないでいるのは機関紙の内容だけではありません。社会の中で起きている心温まる素敵な出来事だけでなく、全国の学校で起きている素敵な出来事もどんどん、この機関紙に載せているのです。一つの機関紙の中に、社会と学校とで起きている素敵な心温まる話が載せられているのです。

未来を作る子どもたちが、自分たちの生活の中で素敵な話を見つけ、その出来事がこの機関紙に載せられるのです。そして子どもたちは、大人の社会で起きている素敵な出来事をこの機関紙で知ることができるのです。大人の社会って素敵だなと、子どもたちが思える「プチ紳士からの手紙」なのです。

「プチ紳士からの手紙」は、山田暁生氏の「子どもの光発見隊」とつながるところがあります。だからでしょうか、「プチ紳士からの手紙」を夢中で読むようになっていました。ある時、志賀内氏から「プチ紳士からの手紙」への執筆依頼が来ました。あこがれの機関紙です。飛び上がるほど喜びました。

個人通信「かけはし」で書いてきた、子どもたちの輝きを志賀内氏の機関紙でも紹介できるようになったのです。多くの人に、子どもたちの輝きを知って欲しいという願いが、実現し始めたのです。

世の中には、たくさんの素敵な出来事が起きています。それを見過ごしてしまわず、一つ一つの出来事に気づき、多くの人に伝えることで、さらに素敵な出来事が起きてきます。そんな世の中を志賀内氏は「プチ紳士からの手紙」で実践されています。

常に、目の前の人を大切にし、自分の持っているものを、常に与え続けている志賀内氏にたくさんのことを学んでいます。

【志賀内泰弘 氏】

「プチ紳士・プチ淑女を探せ！」運動代表。作家。コラムニスト。自他ともに認める「いい話の百貨店」。「いい話はありますか？」が口癖で、全国から心温まる「いい話」を集めて発信する仕事をしている。学校や家庭のほか、ホテルや鉄道、飲食店などのホスピタリティあふれるサービスの「いい話」も好評で、大手企業では研修に採用されている。著書に、『レクサス星が丘の奇跡』（ＰＨＰ研究所）『なぜ「そうじ」をすると人生が変わるのか？』（ダイヤモンド社）ほか多数。

出会いは突然に ― 比田井和孝 氏と比田井美恵 氏 ご夫妻

比田井和孝氏と比田井美恵さんのご夫妻も、ずっと昔から出会っていたと思える方々です。志賀内氏のご紹介で、やまびこ会ペンクラブ誌を一緒に書くようになりました。

同じ教員とはいえ、お会いしたこともなく、やまびこ会ペンクラブ誌に関してのメールでのやり取りが中心でした。

比田井和孝さんがベストセラー『私が一番受けたいココロの授業』の出版記念講演を渋谷の書店で行うと聞いたのは、平成二十年のことでした。告知を見て、何かに惹きつけられるように、その日渋谷へ行きました。

講演会場には、たくさんの椅子が並べられていました。私は並んでいる椅子の後ろの方に座りました。しばらくすると、元気な声とともにその会場に比田井ご夫妻が登場しました。講演で本の紹介と同時に、司会の方との楽しい対談があり、あっという間に時間が過ぎて行きました。初めて姿を見た比田井ご夫妻でしたが、イメージしていた通りの熱く、ユーモアあふれるお二人でした。

講演を終え、比田井ご夫妻に声をかけようと会場の前に向かうと、比田井和孝さんの方から声をかけてきました。

不思議です。初めてお会いするのに、初めてではないのです。「どうしてわかったのですか」と尋ねると、「会場の後ろに座っていた時に、中野さんではないかと感じていましたよ」と。それ以来、いろいろな相談や情報交換をさせていただいています。

人は、同じ活動をするにも、一度お会いした方とそうでない方とでは、やはり違うものです。

ちなみに、その時会場にもいた『私が一番受けたいココロの授業』の担当編集者さんが、本書で私の担当をしてくださったことも、いまとなってはご縁なのかな？　と感じます。

奥様の美恵さんと一緒に活動をしているＹＰＣ（やまびこ会ペンクラブ誌）もそうです。今までは、原稿のやり取り、できあがったＹＰＣ誌をお届けする関係でしたが、お会いしてからは、美恵さんの原稿を読むと次号がまた読みたくなり、美恵さんの感性や活動が見えてくる感じがするのです。

美恵さんとの活動は、ＹＰＣ誌だけではありません。志賀内泰弘氏が発行している「プチ紳士からの手紙」の執筆も一緒にさせていただいています。

人と人のつながりは、さまざまな人とつながりながら、その人により、さらにつながっていく。そして、たくさんのつながりが出来ていくのです。そのつながりは、偶然のように感じても、時が過ぎると、つながることの意味が見えてきます。そして、すべては偶然ではないということに気がついていくのです。

人が生きていく中で、どうして離れた場所に住んでいる方と、どうして世代が違う方と出会えたのかと、不思議に思うことはたくさんあります。でも、私が生きていく中で、すべて意味のある出会いでした。

比田井ご夫妻との出会いから、たくさんのことを学ばせていただいています。出会いだけでなく、人との関わり方、人を大切にするということ。ご縁の大切さ。本当にたくさんの学びをさせていただいています。


長野県の上田市にある上田情報ビジネス専門学校＝通称「ウエジョビ」を校長として経営されている比田井美恵氏。そのウエジョビで講演会を毎年されています。何度か、参加をさせていただきました。

講師にお会いしたく、「楽屋に伺っていいですか」と、比田井ご夫妻に尋ねると、快く案内をしてくださいました。一度は中村文昭氏、もう一度は喜多川泰氏でした。サインをいただき、いろいろな話をさせていただきました。

ある年の講演会に参加した時のことです。講演会後、会場から駅まで知り合いが車で送ってくれました。その時、後ろを見ると、比田井ご夫妻の車がついてきているのです。どなたかを駅までお送りするのかと思っていたら、講演後の忙しい時間なのに、お二人で私たちを駅まで見送りにきてくれたのです。そして、駅で私たちを見送ると、比田井ご夫妻は、会場へ戻って行ったのです。感動しました。

私が発起人となっている「あしがら学び塾」の活動。その第一回の時の講師を相談したことがありました。その時の講師への交渉も比田井ご夫妻が行ってくれたのです。人を思いやり、人を大切にする姿勢に、同じ教員としていつも大切なものを学ばせていただいております。

出会いは、突然に。出会いは、偶然に。

でも、時が過ぎて振り返ると、すべての出会いは、出会うべきにして、そのタイミングで出会っている。出会うべき人に、出会うべき時に、出会っているのです。

【比田井和孝 氏】

長野県生まれ。上田情報ビジネス専門学校副校長。日夜学生の幸せを考え、バリバリ実行していく熱血漢。「就職対策授業」では、テクニックではなく、物事に対する姿勢や「人として大切なこと」を説く。全国の教育機関をはじめ、一般企業からの講演依頼が後を絶たず、述べ人数は17万人以上。著書に、『私が一番受けたいココロの授業』（ごま書房新社）『あなたの人生が変わる奇跡の授業』（三笠書房）がある。

【比田井美恵 氏】

長野県生まれ。上田情報ビジネス専門学校校長。２００６年より、比田井和孝の授業録をまとめたメルマガ『私が一番受けたい「ココロの授業」』を発行。同校では、毎年『ココロの授業講演会』と称して、比田井和孝と特別ゲストの講演会を毎年開催。１０００人以上もの人が詰め掛ける大イベントとなっている。

エピローグ
卒業証書の意味

君たちへ伝えたい

卒業生のみなさん、ご卒業おめでとうございます。みなさんとは一年間しか一緒に生活することができませんでしたが、夏休みに行った面接や全校集会などでいろいろなメッセージをみなさんに送ってきました。

全校集会では「世界中の人が幸せになる方法」を考え、「恩送り」という言葉や「ペイフォワード」という映画を紹介しましたね。「できないからやらないんじゃない、できないからこそやるんだよ」というメッセージと共に「シーモ」が歌っているコンティニューという曲も聴いてもらいましたね。また、三重県に住んでいる「中村文昭さん」の話もしましたね。覚えていますか?

いろいろなメッセージをみなさんに送ってきましたが、私から卒業生のみなさんへ送るメッセージは今日が最後となります。

今、みなさんが手にした卒業証書。その卒業証書はA４判の大きさの紙です。でも、その一枚の紙の中にたくさんのものが詰め込まれています。

自分の卒業証書をそっと開いて、見てください。

最初に、「卒業証書」と書かれてあります。この証書は中学校を卒業したという証しなのです。

次に、自分の名前が書かれてありますね。この卒業証書は世界であなただけの卒業証書なのです。だからこそ、ここに、しっかりとあなたの名前が書かれてあるのです。その名前をじっと見てください。その名前を中学校生活で何回呼ばれてきたでしょうか。

卒業証書授与の時、学級担任の先生がみなさんの名前をしっかりと呼びました。みなさんはもう卒業です。学級担任が中学生のみなさんの名前を呼ぶのは今日が最後です。もう学級担任が中学生としてのみなさんの名を呼ぶことはできないのです。

次に、あなたの誕生日が書かれてあります。

ここに書かれてある日に、あなたは生まれたのです。そして今日まで生きてきました。今日までいろいろなことがあったと思います。でも、みなさんはどんなことも乗り越え、今日、義務教育を終えることができました。

ここに書かれてある日、その日はどんな日だったのでしょうか。天気はどうだったのでしょうか。寒かったでしょうか、暖かだったでしょうか。

どんな日であっても、家族や親せきの人たちはあなたが生まれたことをどれほど喜んでくれたことでしょう。あなたの命が生まれた日なのです。

今日までのことを振り返ってみてください。

どれほどの方に、どれほどのことをしてもらってきたでしょうか。

夜泣きをして寝つかないとき、ずっと寝ずにあやしてくれたのは誰ですか。朝、なかなか起きられない時、大きな声で起こしてくれたのは誰ですか。入学式の時、同級生と同じように制服や通学バックを用意してくれたのは誰ですか。風邪やインフルエンザで熱が出た時、心配してくれたのは誰ですか。忘れ物をしたとき、そっと学校へ届けてくれたのは誰ですか。部活動の大会や休日練習の日、お弁当を作ってくれたのは誰ですか。

あなたの命が生まれた日から、たくさんの方々があなたを見守っていてくれました。あなたは、どれほどのことをしてもらったでしょうか。そして、どれだけのことを返すことができたでしょうか。

あなたにとって、一番大切な人は、いちばん身近にいるのです。

卒業証書の真ん中には、みなさんが中学校の課程を修了し、卒業したということが大きく書かれてあります。

そして、その日は、平成○○年○月○日、今日です。

人生の中にはいくつかの節目というものがあります。今日はその節目の一つなのです。次へのステップの節目なのです。中学校を卒業したという日の意味を、心の中に刻み込んで下さい。

人生は節目があるからこそ、次の成長があるのです。今日を境に、みなさんは新たなスタートをするのです。人生はこれからです。勇気と自信を持って、すばらしい人生を歩んでほしいです。

次に書かれている番号は何でしょうか。この番号はあなただけの番号です。○○中学校の第一回卒業生からずっとつながっている番号なのです。○○中学校の卒業生は一万人以上いるのです。そしてあなたが○○中学校のよき伝統を受け継いでいるのです。あなただけの番号、あなたは○○中学校の伝統の中にいるのです。

最後に、私の名前があります。私からの最後のメッセージがこの卒業証書でもあります。最後にもう一つ、お伝えします。忘れないでほしい最後の最後のメッセージです。

手のひらを見てください。小指、薬指、中指、人差し指、親指ですが、手のひらを広げ、薬指・中指・人差し指を曲げてください。小指と親指が残りました。小指はみなさんです。親指は、みなさんの親や担任、親せきの方など、みなさんの周りにいる人たちです。

そっと小指と親指を近づけてください。親指は自然と小指の方を向きます。あなたがどこを見ているときでも、あなたの親や担任、多くの人たちがあなたを見守っているのです。これから、辛いこと、寂しいこと、苦しいことがあった時、歯をくいしばり、手を握りしめ、そしてそっと小指と親指を立ててみてください。どんなときでもあなたは一人ではないのです。必ず誰かがあなたを温かく見守っています。

すばらしい生徒に出会えて、幸せでした。

ありがとうございます。

あとがき

最後までお読みいただきありがとうございます。

本書は、私が平成十九年から、毎月一回書いてきた個人通信「かけはし」が基となっています。

私がもう三十年以上前になる若い教員時代から体験した、生徒や親御さん、そして地域の方々との心の交流を綴ったものなので、現在の教育では難しい点もいくつかあるかと思いますが、参考になればと思い一冊の書籍にまとめました。


この「かけはし」は、子どもたちの素晴らしさを伝えたい、その思いから書き始めた個人通信です。

振り返れば、子どもの素晴らしさ探しは、「やまびこ会」を主宰された山田暁生氏との出会いから始まっていました。

1983年の夏、山田暁生氏とはじめて出会いました。当時、私が勤務していた学校に、講師として山田氏が来校した時のことです。山田氏は毎月、「やまびこ」という通信を全国に発送していました。当時から、テレビやラジオへの出演や、新聞、雑誌などへの執筆、さらに教育書を何冊も発行されていました。

山田氏はさまざまな方法で、全国の先生方をつないできました。ある時「子どもの光発見隊」という仲間を募集しました。「子どもの光発見隊」とは、子どもの素晴らしいところ、子どもがもっている光を子どもたちの生活の中から発見し、ハガキ一枚に書き、山田氏に毎週送るのです。

いざ、子どもたちの良いところを探そうとするのですが、なかなか具体的なことが見つからないのです。そのとき子どもたちを見ていなかった自分に気がつきました。それでも、毎週子どもたちの素晴らしさを探し、ハガキを山田氏に送っていました。

私の個人通信「かけはし」の原点は、山田氏が提案して活動をされた「子どもの光発見隊」にあるのです。「子どもの光発見隊」の活動をして、二十年以上を経て個人通信「かけはし」が生まれたのです。

山田氏は「すべての子どもに、光がある。その光を見つけてあげなければ、その光に気づいてあげなければいけない。夜空の星も、目を凝らせて見れば、最初、見えなかった星も見えてくる。見えないのではなく見ていないのだよ」と仰います。すべての生徒に輝きがある、すべての生徒が輝いている、それに気づかなければと強く思いました。

全国の先生方とつながりを大切にされていた山田氏は、毎年、「全国教育交流会」を開催し、各地で宿泊の交流会を行いました。

この交流会こそ、現在私が主催する「あしがら学び塾」の基となりました。

山田氏の自宅で行われた交流会での私の実践報告の一つが「涙の呼名」（本書では1章不登校気味の彼女を迎え入れた涙の卒業式〜涙の呼名〜）だったのです。この交流会から、この話が全国に広がり、ユーチューブでも流れるようになったのです。

体調が悪いという山田氏を訪ねた日、山田氏は私の前で倒れたのです。すぐに救急車を呼び、病院へ。それから氏の闘病生活が始まりました。

山田氏はホスピスに入られても、その活動を続けました。病室で本の執筆をしていたのです。そして、私との共著になった『この一言で子どもが伸びた』（学事出版刊）という本の出版を果たしました。

山田氏の病室で、私と二人で最後の校正をし、もうすぐ校正が終わろうとする時、山田氏の体は震えだしたのです。ナースコールで看護師を呼び、湯たんぽを布団の中に入れ、震える体を押さえながら本の校正を終えたのです。

山田氏の症状は、どんどん悪くなっていきました。ある時「短い棒が欲しい」というのです。なぜかとお聞きすると「文字が書けなくなったら、その棒でパソコンのキーを打って、思いを文章にしたい」

涙が出ました。痩せてきた体で、力が入らなくなっていく。それでも、文字を残し、伝えたいことを書き残したいというのです。きっと私にも自らの姿から、何かを伝えたかったのでしょう。

今、私は山田氏が創られた「やまびこ会」の代表として活動をさせていただいています。１９８３年に山田氏と出会い、私の人生をずっと支えてくれていたのが山田氏でした。山田氏が私のために、まいてくれた種を広げることが私の使命だと想い、これからも頑張っていこうと思います。

いま、教育現場には課題が山積しています。不登校問題、学力問題、地域・保護者とのかかわり方、教職員の過労。さらには、生徒数の減少による部活動の維持の難しさなど、次から次へと課題が湧き出ています。

しかし、教育の不易の部分は見失ってはいけません。高村光太郎氏の言葉に「いくら廻されても針は天極を指す」というものがあります。学校教育では、その天極は子どもたちです。どんな課題があらわれても、天極（子どもたち）を見つめていくことが、学校教育の不易なのです。

本書の発行にあたり、大変多くの方にご協力をいただきました。

本書の企画を出版社に届けてくれた志賀内泰弘氏には感謝の言葉もありません。「プチ紳士・プチ淑女を探せ！」からの長いお付き合い、今後もご指導のほどお願いいたします。

帯の推薦文をいただいた、鍵山秀三郎氏には、もう十年以上前から、「掃除」の心より多くのことを学ばせていただきました。私の人生の師とさせていただいております。

同じく、推薦文をいただきました、私も著書の大ファンである喜多川泰氏。あしがら学び塾でも大変お世話になっております。これからもぜひ多くの学びをご享受ください。

そして、第五話に掲載させていただいた、中村文昭氏、木下晴弘氏、比田井和孝氏と比田井美恵さん御夫妻。この著名な皆さんには、快く掲載をお許しいただき大変感謝しております。

　版元のごま書房新社の池田雅行社長、編集の大熊賢太郎さんには企画から執筆、そして発売まで大変お世話になりました。

　これから私は、本書を一人でも多くの方に読んでいただけるように、活動をしていきたいと思います。

　本書を読んでくださった、親御さんや教員の方々、そして子どもたちの心が少しでも温まり、幸せになることを願って。

　子は宝です。

平成二十七年　六月吉日

中野敏治

著者略歴

中野　敏治（なかの　としはる）

神奈川県公立中学校現役校長。大学卒業後、中学校に赴任。市町村教育委員会指導主事、公立中学校教頭、市町村教育委員会課長を経て、現在の公立中学校校長に赴任。教え子からクラス会に呼ばれると、どんな予定よりも優先して100％参加する熱い先生。イマドキなクールな生徒、やんちゃな生徒とも正面からぶつかり、通称「中野マジック」と呼ばれる指導法で学習や生活のやる気スイッチを入れる。

学校活動以外に、教員が中心となりボランティアで学校のトイレ掃除を行う「かながわ便教会」、清掃活動などに取り組む「中学校区を美しくする会」の代表を務め、NHKラジオ深夜便にも出演し、その活動を伝えている。

文学活動としては、1986年より続く、やまびこ会（全国教育交流会）を故 山田暁生氏より受け継ぎ、代表として全国の教育関係者と情報交換を行う。また、季刊誌として通算四十七号を重ねる発言集『やまびこ会ペンクラブ（YPC）誌』を全国に発送している。さらに、本書のもとになった個人通信「かけはし」を毎月発行し、子どもたちの輝きを全国に広げている。

2013年から毎年、社会人、教員、親の学びの場として人気講師たちを招く「あしがら学び塾」を主宰。北海道から沖縄まで全国から大勢の参加者が集う。

著書に、『若い教師のための 中学校の通知表記入文例』（小学館）ほか。
・著者Facebook【中野敏治】toshiharu.nakano@facebook.com

熱血先生が号泣した！

学校で生まれた“ココロの架け橋”

著　者　中野 敏治
発行者　池田 雅行
発行所　株式会社 ごま書房新社
〒101-0031
東京都千代田区東神田1-5-5
マルキビル7F
TEL 03-3865-8641（代）
FAX 03-3865-8643
印刷・製本　倉敷印刷株式会社

ISBN978-4-341-08616-9 C0036

ごま書房新社の本

ベストセラー！　感動の原点がここに。

日本一　心を揺るがす新聞の社説

みやざき中央新聞編集長　水谷もりひと　著

大好評12刷！

タイトル執筆・しもやん

●感謝　勇気　感動　の章
心を込めて「いただきます」「ごちそうさま」を/なるほどぉ〜と唸った話/生まれ変わって「今」がある
ほか10話

●優しさ　愛　心根　の章
名前で呼び合う幸せと責任感/ここにしか咲かない花は「私」/背筋を伸ばそう！　ビシッといこう！
ほか10話

●志　生き方　の章
殺さなければならなかった理由/物理的な時間を情緒的な時間に/どんな仕事も原点は「心を込めて」
ほか11話

●終　章
心残りはもうありませんか

【新聞読者である著名人の方々も推薦！】

イエローハット創業者/鍵山秀三郎さん、作家/喜多川泰さん、コラムニスト/志賀内泰弘さん、社会教育家/田中真澄さん、(株)船井本社代表取締役/船井勝仁さん、『私が一番受けたいココロの授業』著者/比田井和孝さん…ほか

本体1200円十税　四六判　192頁　ISBN978-4-341-08460-8 C0030

大好評5刷！

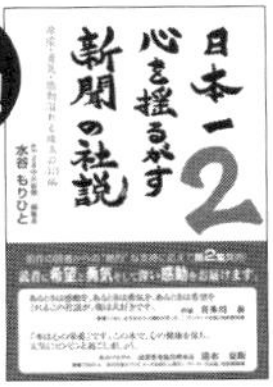

前作よりさらに深い感動を味わう。待望の続編！

日本一　心を揺るがす新聞の社説2

希望・勇気・感動溢れる珠玉の43編　水谷もりひと　著

●大丈夫！　未来はある！(序章)　●感動　勇気　感謝の章
●希望　生き方　志の章　●思いやり　こころづかい　愛の章

「あるときは感動を、ある時は勇気を、
あるときは希望をくれるこの社説が、僕は大好きです。」作家　喜多川 泰

「本は心の栄養です。
この本で、心の栄養を保ち、元気にピンピンと過ごしましょう。」
本のソムリエ　読書普及協会理事長　清水 克衛

［あの喜多川泰さん、清水克衛さんも推薦！］

本体1200円十税　四六判　200頁　ISBN978-4-341-08475-2 C0030

シリーズ最新作！

魂の編集長"水谷もりひと"の講演を観る！

DVD付　日本一　心を揺るがす新聞の社説　ベストセレクション

書籍部分：
完全新作15編+『日本一心を揺るがす新聞の社説1、2』より人気の話15編
DVD：水谷もりひとの講演映像60分
・内容『行動の着地点を持つ』『強運の人生に書き換える』
『脱「ぱらぱら漫画」の人生』『仕事着姿が一番かっこよかった』ほか

本体1800円十税　A5判　DVD十136頁　ISBN978-4-341-13220-0 C0030